Kindle Marketing

Una Guía Completa
para vender Tu eBook en Amazon

*****
Por Jorge Morral

Iberdynamics - Agencia Editorial Online

I0474520

Por Qué Te Interesa Leer Este Libro

En 2009 comencé mi aventura editorial online.
Durante meses estuve observando como las ventas de mis libros en Kindle, a través de KDP, se mantenían demasiado bajas; eran casi ridículas. Posteriormente, se iban abriendo otras vías, otros canales de venta de eBooks y en principio aquello me animó, pero las ventas en otras plataformas como Kobo, Nook, Apple, Smashwords etc... iban todavía peor.

Decidí estudiar a fondo el universo Kindle y su relación con el Marketing Online (al que me he dedicado profesionalmente) y desarrollé un sistema, un método de trabajo. En pocas semanas había triplicado mis ventas y en unos meses lo que eran ventas sueltas se convirtieron en ventas estables con volúmenes importantes de libros vendidos. Con el tiempo he desarrollado este sistema y le he dado un nombre: KAMS.

Algunos amigos autores y colegas del mundo editorial me preguntaron si podía hacer lo mismo por ellos, por sus libros: aplicar mis técnicas de marketing y mi método KAMS para incrementar sus ventas de forma importante, estableciendo los acuerdos pertinentes en función de los resultados que obtuviéramos.
Y así fue.

Uno de ellos, por poner un ejemplo, pasó de estar por encima del millón y medio en el ranking de más vendidos de Amazon a ser de los 3 primeros en su categoría y alcanzando un ranking general de 22.000 en amazon.com, lo cual suponía un incremento superior a treinta veces sus ventas iniciales. Todo ello simplemente aplicando las técnicas contenidas en este libro.
Estas técnicas han funcionado para mí, para mi editorial y para mis clientes, y también funcionarán para ti.

Este libro es para escritores, editores y autores de ficción y de no ficción que se sienten abrumados por la complejidad que supone vender en Kindle. Publicar un libro online como eBook es una cosa relativamente sencilla, pero venderlo es otra cosa totalmente distinta. Y mucho más exigente.
Este es un libro para autores y responsables editoriales que miran con cierta frustración sus estadísticas de venta y que quieren superar este nivel y subirse al de las ventas, como mínimo, "razonables".

Por muy buena que sea tu obra, tu libro o línea editorial, debes ser consciente de que nadie va a comprarla si no la conoce, o no la reconoce. Y ése es sólo el primer paso, después tienen que querer comprarla.

Para dar a conocer un libro y venderlo en Kindle debes cumplir una serie de requisitos, debes realizar una serie de tareas muy concretas. En este libro se explican estas tareas y estos requisitos de forma ordenada. Paso a paso.
En unas pocas horas, siguiendo el método KAMS (Kindle Author Marketing System) explicado en este libro, puedes conseguir un buen posicionamiento de tu/s libro/s, venderlo/s de forma efectiva e incrementar tus ventas de forma

espectacular.

NOTA AL LECTOR:

Por el hecho de comprar este libro tienes automáticamente un descuento del 66 % en el curso online de Kindle Marketing en Udemy cuyo precio real es de $299. Ahora tú puedes realizar el curso por sólo $99
Si estás interesado, aquí tienes el enlace:
http://goo.gl/4xm04N

Introducción

Todo comenzó cuando decidí que quería dedicarme profesionalmente a una de mis pasiones: los libros.

Mi experiencia como especialista en Marketing, Comunicación y Ventas me daba la seguridad que necesitaba para lanzarme a la nueva aventura y, además, mi idea era "genial": Una editorial Online. Es decir, una editorial al estilo tradicional pero centrada exclusivamente en producir libros en formato digital, nada de papel, nada de librerías, nada de stock, trato directo con los autores y promoción online. En resumen, una ventaja competitiva clara.

Cada día más y más personas comenzaban a comprar libros digitales y con la llegada de Kindle Direct Publishing (KDP) se abría una oportunidad de oro para mí. Además otras plataformas de venta de eBooks comenzaban a funcionar cosa que no hacía más que dar alas a mi proyecto.

Comencé publicando un libro que hacía tiempo quería poner en el mercado y que había sido rechazado por muchas editoriales tradicionales: Ayuno Mágico. En este libro se narran las experiencias del autor en la disciplina del ayuno. Pensé que al ser yo mismo el autor podría estudiar mucho mejor la realidad del mercado. Y así fue.

La realidad del mercado era que no se vendía casi nada. Durante meses y meses mis ventas fueron ridículas así que pensé que quizás no era una cuestión del libro, ni de KDP, sino del mercado del ayuno que era muy pequeño. Para continuar con mi labor editorial me puse de acuerdo con otros autores y comencé a trabajar para ellos. Las cosas en los meses siguientes continuaron igual de mal. No se vendía nada, o muy poco.

Comencé entonces a temer que mi idea no fuera tan genial como yo pensaba y llegó un punto en el que tuve que decidir si continuar con la editorial o dejarlo estar. Pero sentía que para tomar aquella decisión debía esforzarme un poco más y tratar de ver qué era exactamente lo que estaba pasando.
Me puse en serio a estudiar a fondo el universo Kindle, sus posibilidades, qué libros se vendían y qué características tenían. Hice muchas pruebas con los pocos libros que tenía online y muy lentamente comencé a comprender.
Leí todos los libros de Marketing Editorial y de Kindle que encontré: algunos eran muy sencillos y superficiales, otros tenían cierta información interesante para mi trabajo y el resto eran guías de iniciación demasiado básicas. No había más por aquel entonces.

Siguiendo las pautas que algunos (casi todos) aquellos libros describían, realicé un gran esfuerzo utilizando las redes sociales. Estaba muy ilusionado con aquello y además tenía sentido: una página web para cada autor e incluso para cada libro, una página en Facebook, eventos en Facebook (muy útiles según alguno de aquellos libros), cuentas de twitter para implicar a los seguidores en las conversaciones, listas de emails para informar a los lectores, solicitar opiniones de clientes en las páginas de Facebook y del libro y un sinfín más de acciones.

Todo esto llevaba muchísimo trabajo, una atención constante y unos resultados... ¡pésimos de nuevo!

Era momento de tomar una decisión, aquello no funcionaba y además consumía cantidades ingentes de tiempo y de recursos. Tenía que haber algo más.

Decidí continuar con mi proyecto enfocándolo desde una nueva perspectiva y divirtiéndome en el proceso, y de esta forma se me hizo mucho más llevadero, apartando la frustración de mi lado.

Comprendí entonces que Kindle es un sistema tecnológico complejo y que si no utilizas las herramientas y las técnicas específicas y adecuadas, va a resultar muy difícil que tus libros se vendan. Comprendí que como editor (y más todavía como autor independiente) debía tener las herramientas necesarias (y muy concretas) para competir; de lo contrario la competencia me marginaría y mis resultados en ventas continuarían siendo pésimos.

El nuevo planteamiento implicaba una visión más amplia del problema: no sólo debía conocer el universo Kindle en profundidad sino que debía aplicar mis conocimientos en venta online y los comportamientos del consumidor de libros frente a una pantalla. Todo esto implicaba dejar de lado algo. Ese algo eran las acciones de Social Media que tanto trabajo nos daban. Era una apuesta arriesgada pero no quedaba otra. Liberarme de una carga pesada me dio "oxígeno" para continuar.

Las cosas comenzaron a mejorar poco a poco y tras dos años de arduo trabajo conseguimos que Iberdynamics se posicionara como una de las más activas Editoriales Digitales. Hemos conseguido estar en el #1 de ventas de amazon en muchas categorías de forma consistente y hemos mejorado la posición en el ranking de ventas para nuestros autores de forma exponencial.

Las ventas mejoraban semana a semana y los autores comenzaban a apilarse en la carpeta de revisiones. En el momento en que escribo estas palabras tenemos ya más de 20 en lista de espera, además de los ya publicados.

Sin duda no podemos editar todo lo que se nos solicita y aunque estamos siempre abiertos a nuevos autores , decidí escribir una sencilla guía de autor de forma que todo aquel autor independiente que quiera auto publicarse en KDP pueda hacerlo con unas ciertas garantías de éxito.

Me he propuesto con este eBook apuntar de manera sencilla pero completa todo lo que se necesita saber para mejorar de forma radical el posicionamiento y el ratio de ventas de tu eBook en el sistema Kindle de Amazon.

Por supuesto parto de la base de que tienes un buen libro, un libro que vale la pena leer, pues de lo contrario ni la mayor ni la mejor campaña de marketing te podrá salvar de unas ventas ridículas.

Así pues, ¿tienes un libro que vale la pena leer?, no esperes más y ponte a trabajar con las bases que se exponen en esta guía. Tu libro puede y debe llegar a tu público y, quién sabe, quizás convertirse en un auténtico best-seller.

INDICE DE CONTENIDOS

- Métodos de Categorización eficaces.

Capítulo Séptimo
Reviews
- Cómo determinan tus ventas las opiniones de usuario.
- Opiniones negativas y qué hacer con ellas.
- Ratios y valoración.

Capítulo Octavo
Autor
Consigue credibilidad de autor para incrementar tus ventas.
- La importancia de la Biografía del autor en Kindle.
- El autor de Ficción.
- El autor de No Ficción.

Capítulo Noveno
Ficción Vs. No Ficción
- Diferencias importantes entre los distintos tipos de eBooks a la hora de vender.

TERCERA PARTE
MANTENER LAS VENTAS

Capítulo Décimo
Mantenimiento
- Cuestiones clave en el mantenimiento de un libro en Kindle.
- Cómo utilizar Libros Sonda para obtener beneficios.
- Tempo y Timing.
- Otras técnicas para mantener "vivo" tu eBook.

Capítulo Undécimo
Política de precios
- Descubriendo el mejor precio para tu producto.
- Valor y Precio.
- Precios Psicológicos.
- Testing y precios internacionales.

Capítulo Duodécimo
KDP Select
KDP Select, KOLL y Prime.
- Saca ventaja de las promociones gratuitas y aprende cómo utilizarlas en tu beneficio.

Capítulo Decimotercero
Ranking y ventas
- Valor de la información del Ranking. Ejemplo práctico.
- Qué puedes esperar de las ventas de tu libro.

CUARTA PARTE
PASO A PASO PONIENDO TU eBook A PUNTO PARA LA VENTA

Capítulo Decimocuarto
KAMS. Cuadro de acciones Paso a Paso
- Cuadro de acciones para optimizar tu libro para su venta en Kindle.

QUINTA PARTE
CONSIDERACIONES ADICIONALES

- El trabajo del escritor de éxito.
- ¿Necesitas ayuda editorial?
- Algunos enlaces de interés.

PRIMERA PARTE

KINDLE Y SU ENTORNO DE VENTAS

CAPITULO CERO

Por qué no se venden la mayoría de los libros en Kindle

El Marketing es lo que diferencia a los autores de éxito en Kindle de aquellos que ven hundirse sus libros en las listas de ventas.

¿Por qué no compran mi libro?
Esta es sin duda la pregunta que se hacen todos los autores tanto de ficción como de no ficción. Y la respuesta no podría ser más simple. Sólo existen dos razones reales por las cuales los clientes potenciales no compran tu eBook.
1. No lo conocen / No lo ven.
2. No les interesa.
Es tan simple como esto. Y las razones por las que no conocen tu obra, no ven tu obra, o no les interesa tu obra, son diversas.

Razones por las que no conocen o no ven tu eBook:

• **No aparece en los resultados de búsqueda.**
Una gran parte de los usuarios de amazon buscan libros de su interés realizando una búsqueda de los términos que les interesan. Ponen una palabra o una frase en el cuadro de diálogo de Amazon y esperan los resultados del buscador de Kindle. Si tu eBook o libro no aparece en las primeras páginas, simplemente no existes. No hay venta.
• **No aparece en las primeras páginas de las categorías pertinentes.**
La gran mayoría de usuarios de Kindle busca libros por categoría, navegando entre categorías. Amazon está organizado en categorías de forma que los usuarios pueden navegar por las distintas partes del directorio en busca de un libro que les pueda interesar. Si tu eBook no aparece en las primeras páginas de su categoría, de la categoría que mejor le corresponde, no lo verán. No hay venta, de nuevo quedas fuera de toda posibilidad de que el cliente, tu lector ideal, te encuentre.
• **No aparece en las listas de los más vendidos de ninguna categoría.**
Amazon y Kindle ofrecen también un Ranking de los más vendidos, tanto de los libros de pago como de los gratuitos. Entrar en estas listas es una de las formas más sólidas de posicionar tu libro para la venta. Si no estás entre los más vendidos de tu categoría no sales en los listados (o por lo menos, no sales en las primeras páginas de los mismos). Vuelves a quedar fuera.
• **No aparece en las novedades.**
Los usuarios lectores suelen ir en busca de nuevos títulos en sus categorías de preferencia. Una buena táctica es aparecer en el apartado de novedades de la categoría correspondiente. Si no tienes esto en cuenta estás perdiendo exposición y por tanto, estás perdiendo ventas.
• **No aparece en las listas manías.**
Los usuarios pueden hacerse sus propias listas de deseos y de gustos.

Aparecer en sus Listmanías es una forma más de aumentar la exposición de tu eBook y conseguir ventas.

• **No aparece en la lista de promociones de Amazon.**

Cuando un usuario visita la página de un libro, el sistema de Amazon le ofrece una lista de otros productos similares o de interés bajo el nombre "Clientes que compraron este producto también compraron". Esta fórmula, que fue pionera en el sistema de Amazon es una fórmula excelente para conseguir más ventas pues está demostrada su eficacia. No pierdas esta oportunidad.

• **No hay enlaces exteriores apuntando hacia tu producto.**

Una de las formas más desconocidas en Kindle es la de apuntar a tu página de producto de Amazon desde el exterior. Ya sea desde tu web o desde un comentario externo (twitter, fb, linkedIn etc...) un enlace a tu eBook facilita un buen posicionamiento de tu eBook.

• **El título no llama la atención.**

Puedes estar en la primera página de resultados de una búsqueda para tu libro, pero si el título no convence o seduce, nadie acudirá a él. Tal es la importancia de un buen título.

• **La portada del eBook no llama la atención.**

Junto al título, la portada del libro es lo más importante. Lo repito: Es lo más importante. Para vender un libro en Kindle la portada debe llamar la atención del lector. Si es así el usuario clicará y verá tu producto, pero si no le gusta, o no le llama la atención, no clicará y perderás la venta. Y aún más, si tu portada no llama la atención, aunque estés en la primera posición de la lista, el cliente simplemente... ¡no la verá!

Razones por las que no están interesados en tu eBook:

• **No trata el problema que interesa al lector.**

Si hablamos de libros de ficción esto se define mejor en los géneros, es decir, un lector en busca de un libro de romántica no se interesará por un libro de policíaca a no ser que la obra tenga un carácter romántico, o una historia de amor como trasfondo. Un apasionado del terror no se sentirá interesado por una comedia etc.. Esto tiene lógica y es simple.

Sin embargo en las obras de no ficción la cosa se complica pues los intereses, dado un tema determinado, pueden ser desde generalistas a muy específicos. Por ejemplo: Imaginemos que has escrito un libro de cuidados básicos para caballos; Un lector puede estar interesado en la cría de caballos pura sangre, y si tu libro no trata específicamente este tema será difícil despertar en él el interés necesario para comprar tu libro

• **Hay opiniones negativas en la revisión de tu producto.**

Este punto es clave: la importancia de las opiniones de otros lectores (que trataremos específicamente en un capítulo posterior). Una mala opinión puede bastar para dificultar enormemente la compra de tu eBook. Si son varias, el efecto es devastador. Un potencial cliente, interesado en tu libro, se volverá atrás si lee una mala opinión del libro, sobretodo si ésta le parece justificada y razonada. Una mala opinión reduce las ventas de un eBook en mayor proporción de lo que una buena opinión las potencia.

• **La muestra no les convence.**

Cuando un cliente visita la página de un producto, Amazon le da la opción de leer una muestra antes de comprarlo. Este es un elemento de marketing de gran importancia. En Amazon.com esto se consigue clicando en "Look Inside" en la misma foto del libro. En amazon.es y otros portales amazon la muestra se consigue clicando en "Enviar fragmento ya" a la derecha de la página de producto o en el botón al uso en la tableta que utilice el cliente (iphone, ipad, android, etc...). De esta forma el potencial lector se descarga un fragmento de tu eBook.

Este punto es clave para convertir la muestra en venta. Si las primeras impresiones del cliente no son altamente positivas no comprará tu eBook. Una buena muestra, que cautive al lector hará aumentar el ratio de visitas/ventas de tu eBook.

• **Está mal presentado/formateado.**

Para vender un eBook, la presentación y el formato del libro deben ser impecables. De lo contrario no tardarán en aparecer malas críticas y las ventas del libro caerán de forma estrepitosa.

• **El precio es demasiado alto.**

Como en cualquier otro producto o servicio que esté disponible en el mercado, el precio juega un papel decisivo a la hora de cerrar una operación de venta. Tu libro no es la excepción. Un precio alto reducirá las ventas, y un precio demasiado alto las anulará por completo. ¿Quién compraría un libro cuyo precio considera demasiado alto? Nadie.

• **El precio es demasiado bajo.**

Puede parecer paradójico pero la experiencia muestra que un precio demasiado bajo puede mermar considerablemente las ventas. Además de intrigar al cliente del porqué de un precio tan bajo, hará que el cliente valore tu eBook con el dato que tiene: su precio. Un producto de bajo precio equivale a un producto de baja calidad. ¿Quién querría comprar un producto malo a pesar de tener un precio ridículo? Algunas personas lo harán, si todos los demás requisitos les convencen, pero sin duda son muchas más las personas que están dispuestas a comprar un producto a un precio justo y razonable. "Lo barato sale caro".

• **Otros/as.**

Existen innumerables razones por las cuales un cliente no verá o no se interesará por tu producto. Hay tantas razones como personas e ideas en el mundo.

De lo que se trata es de actuar en las causas que nosotros podemos controlar, que son principalmente las expuestas más arriba.

Debemos optimizar nuestro producto, hacerlo visible, atractivo e interesante para que el cliente quiera comprarlo, y después darle las máximas facilidades para que lo haga.

De esto se ocupa el KAMS.

CAPITULO PRIMERO

Marco de referencia

De qué hablamos cuando nos referimos a vender en Kindle y definición general de su entorno.
¿Qué es Kindle?
Es necesario especificar en este momento qué entendemos por Kindle, puesto que al ser en realidad varias cosas a la vez, podría llevar a confusión.

Kindle es...

•Dispositivo lector de libros (e-reader).
Kindle es un dispositivo electrónico de lectura, desarrollado por Amazon para poder leer libros en formato digital. Este sistema se sustenta en un aparato (e.reader) que es muy parecido a una tablet y que de hecho se ha convertido ya en tablet en sus versiones posteriores de alta gama.
•Lector virtual de eBooks.
Además Amazon ha desarrollado aplicaciones emuladoras del aparato físico Kindle. Esto significa que bajándote una de estas aplicaciones (las hay para PC, MAC, Iphone, Ipad, y cualquier dispositivo Android) puedes emular Kindle, y así consigues tener tu Kindle en el ordenador o cualquier dispositivo que tú tengas, sin necesidad de comprar el dispositivo físico Kindle.
•Tablet
Kindles hay de varios tipos, desde el más sencillo en blanco y negro hasta los más evolucionados en forma de tablet como el Kindle Fire HD. Las tablets son mucho más que un lector de eBooks; tienen capacidades multimedia avanzadas lo que permite estar online, descargarte películas, usar el correo electrónico y todas las cosas que hace cualquier tablet del mercado. La calidad de las tables Kindle Fire es muy alta.
•Tienda
Ahora que ya conocemos el lector Kindle, podemos hablar de la tienda Kindle. Esta tienda online, accesible desde cualquier dispositivo conectado a internet, está dedicada a comercializar todos los libros del catálogo de Amazon que están disponibles en formato digital. Y esta comercialización es a nivel global o territorial. Quiere esto decir que el mismo libro digital (eBook) puede venderse en todos los países en los que Amazon está presente, siempre que el autor o el propietario de los derechos así lo quiera.
•KDP
Amazon dispone de una plataforma de auto-publicación digital llamada KDP, siglas de Kindle Direct Publishing, que es el sistema que utilizan los autores independientes y también las editoriales para publicar sus libros digitales en Amazon. Los libros publicados mediante KDP pasan a engrosar el catálogo de la tienda de Kindle para los territorios elegidos.
•Buscador

Además de todo esto Kindle es un buscador. Mediante la tecnología aportada por otra empresa propiedad de Amazon (A9) Kindle se convierte en un buscador de eBooks, de forma que los clientes pueden realizar búsquedas según los términos de su interés. Por ejemplo podemos poner en la caja de diálogo de la tienda Kindle "Cuentos infantiles" y el buscador nos dará los resultados que obtenga con esos términos entre los eBooks del catálogo kindle.

•Directorio
Además de ser un buscador Kindle también es un directorio de eBooks, es decir, organizando la información por categorías, el navegante de la tienda Kindle puede ir acotando sus intereses de búsqueda. Cada categoría contiene un listado con los eBooks que pertenecen a ella. Hay cientos de categorías y subcategorías.

Orgánico Vs. Estático

Otra cuestión importante a la hora de entender el Marketing en Kindle es comprender el concepto de "estático vs. dinámico" cuando nos referimos a internet, en concreto aquí, al sistema Kindle de búsqueda y clasificación.

Sin entrar en cuestiones demasiado técnicas podemos decir que un sistema es estático cuando se accede a sus resultados de forma directa, sin implicar algoritmos ni datos adicionales en la ejecución de la búsqueda. Por ejemplo, cuando hacemos una consulta en Google, los anuncios que aparecen como patrocinados (anuncios) son resultado del sistema estático, mientras que los resultados que aparecen un poco más abajo, que no son anuncios, son dinámicos, también llamados orgánicos. Estos resultados se obtienen aplicando una serie de algoritmos sobre los datos disponibles de cada contenido analizado por el buscador (metadatos).

Por tanto, los sistemas orgánicos dependen de muchos factores y no sólo de una definición de palabra clave concreta.

Un sistema orgánico, como su nombre indica, está mucho más vivo y es mucho más variable que uno estático.

Poniéndolo de manera simple: si pagas para que Google anuncie tu producto para una serie de palabras clave estás apelando al sistema estático, pero si haces una buena labor de SEO (Search Engine Optimization) estás apelando a la parte orgánica de Google, tu producto aparecerá en los primeros puestos de las búsquedas y no pagarás por ello a Google (sí pagarás a un profesional SEO, si no lo haces tú mismo).

Kindle es un sistema 99% orgánico. Hay anuncios en Amazon, sí, pero no entraremos en esto, puesto que es un espacio que Amazon tiene reservado para las grandes editoriales y otros propósitos.

Las implicaciones que tiene un sistema orgánico frente a uno estático son clave para comprender cómo debemos trabajar para vender nuestro eBooks.

El sistema orgánico se basa en datos. Una serie de datos son escaneados por el buscador para clasificar la información de cada producto y después poder mostrar los resultados más convenientes. Estos datos son los llamados Metadatos y Palabras Clave.

Kindle utiliza unos algoritmos (una fórmulas para tratar la información) con estos datos para clasificar y mostrar los resultados. Nadie fuera de Amazon conoce cuáles son esos datos ni esos algoritmos. Es la experiencia de los editores, autores y también de los profesionales SEO la que indica por dónde pueden ir los tiros.

Evidentemente hay una serie de metadatos y palabras clave que deben tener una importancia capital (título, descripción etc..), pero hay muchos otros más difíciles de encontrar.

Por ejemplo, si se vende un libro, o se publica una segunda edición del libro, esos datos se tendrán en cuenta, aunque nadie conoce qué peso tendrán en el resultado final de la búsqueda.

Trataremos los metadatos más adelante en el Capítulo Cuarto, pero por el momento basta con que quede claro que Kindle es un sistema orgánico y que debemos tenerlo en cuenta si queremos vender nuestros eBooks de forma eficaz en esta plataforma.

Estatus del mercado de eBooks

En el próximo capítulo veremos el sistema KAMS para vender eBooks en Kindle pero antes me gustaría dar una visión general del mercado de plataformas de venta de eBooks en el mundo.

A día de hoy (Enero 2013) el mercado de eBooks se lo reparten las siguientes plataformas de venta de eBooks:

Kindle	67 %
Barnes&Noble	25 %
Apple	5 %
Smashwords	1 %

Estos datos nos ayudarán a comprender mejor los fundamentos estratégicos del sistema KAMS.

*Nota: Estos datos pueden variar según el territorio, lo que muestra la tabla corresponde al cómputo global del mercado.

CAPITULO SEGUNDO

Kindle Author Marketing System (KAMS)

KAMS es un método estratégico y parametrizado de trabajo, ideado para maximizar el potencial de venta de cualquier tipo de eBook en Kindle.

Los fundamentos de KAMS son 3:
1. Utilizar los Elementos de Marketing propios de Kindle para optimizar nuestro eBook.
2. Controlar las variaciones en las ventas
3. Mantener nuestros eBooks al día, en un buen nivel de ventas a lo largo del tiempo.

Una de las ventajas de utilizar un método reside en que pueden observarse y medirse los parámetros que vamos acondicionando con el sistema, y que te permite repetirlo en el tiempo y también mejorarlo con las experiencias que tú mismo vayas adquiriendo. Sin duda, una buena base para comenzar.

Utilizando una estrategia específica para vender tus libros.
Has escrito tu libro. Le has dado formato, has puesto una portada decente y lo has publicado en KDP. Ahora a esperar que se venda. Van pasando los días y no se ha vendido ni una sola unidad. Bueno, una sí, la que te compró tu amigo. Y otra, la de tu hermano. Ya son dos. Esperas unos días más. No hay ventas. Pasan las semanas. Parece que ha habido algún movimiento, alguna venta más. Han pasado tres meses y sólo has vendido 9 copias de tu fabuloso Manual de Jardinería para Urbanitas.
Bueno te has planteado que así no puedes seguir; tu libro es bueno y merece que la gente lo conozca y lo compre para disfrutarlo. Estás empezando a pensar en hacer algo más, quizás algunos cambios, algo de publicidad, poner al día tu blog, y poner tu página en Facebook: estás empezando a pensar en utilizar una estrategia de venta.
Al buscar información acerca de cómo vender un eBook te encuentras que hay bastante información disponible en la red. Hay todo tipo de foros, blogs, libros que puedes comprar, tutoriales en video etc..
Más o menos la mayoría dicen lo mismo: «Escribe un buen libro y difúndelo en todas direcciones y en todos los sentidos, ponlo a la venta en todas las plataformas que encuentres, creando de esta forma una plataforma de autor que hará que tus libros se vendan».

Este planteamiento, que en principio puede parecer correcto, supone, como mínimo, establecer:

• Una web de autor (preferible, una para cada libro y una general)
• Un blog de autor

- Una cuenta activa de Twitter
- Una cuenta activa de Facebook
- Una listado de emails. Construirlo y mantenerlo.
- Una cuenta de pinterest
- Una cuenta en amazon.com
- Una cuenta en varias plataformas más de venta de eBooks.
- Mantener al día todo lo anterior.

Esto, por sí solo, es un trabajo inmenso.
Mantener al día un blog ya cuesta trabajo, y los social media, si quieres llevarlos bien e ir creciendo en influencia, te obligan a trabajar a destajo. Cada día. Las redes sociales llevan una ingente cantidad de trabajo. Has de trabajar en ello cada día muchas horas y has de contratar a más de una persona para tener una plataforma de autor "decente".
Un autor que se plantea este tipo de trabajo sabe que deberá dedicar tanto o más tiempo a mantener su plataforma que a escribir.

Si sigues este planteamiento estratégico, ¿Cuándo te queda tiempo para escribir?
La paradoja del autor dice:«Cuando ya tienes construida la plataforma de autor que quieres, te das cuenta de que tienes que empezar a escribir»
Teniendo en cuenta el escenario que acabamos de describir, el autor desconocido tiene 2 opciones:
- Buscar una editorial que le haga esta parte del trabajo.
- Utilizar un sistema como KAMS para vender eBooks y darse a conocer.

Céntrate en Kindle al principio y lo demás ya llegará
Esta estrategia de construcción de plataforma de autor es muy buena si no te importa el tiempo que tardes en desarrollarla hasta un buen nivel. Si lo que buscas son unos resultados en ventas y una popularidad de tus eBooks a más corto plazo, esta no es la manera de hacerlo. Sin embargo si eres un autor conocido con una base de lectores muy importante, este sistema sin duda puede funcionar.
Esta guía que estás leyendo plantea una estrategia diferente y le da un nombre: KAMS.
KAMS es un método de trabajo que utiliza una estrategia probada con la que se obtienen buenos resultados en Kindle.
Esta estrategia se apoya en los elementos de Marketing disponibles para Kindle que veremos en la segunda parte del libro y en una gestión del mantenimiento de los mismos.

Bases del KAMS
La estrategia que utiliza KAMS es la del enfoque.
Si eres un autor independiente y no muy conocido te interesa un planteamiento mucho más enfocado. Para tener opciones en el mundo de la tecnología en el que competimos hoy, para vender tu libro debes enfocar bien los esfuerzos; y no dispersarte puede ser una gran ventaja competitiva.

Nos enfocaremos en la tarea de vender eBooks en Kindle, y después de

un cierto nivel de éxito haremos el salto que más nos convenga en el momento que eso ocurra. Entones, una vez conseguidos nuestros objetivos, veremos si queremos abrir una cuenta en Smashwords o si queremos firmar con la editorial X, que nos hace una propuesta, o si empezamos a construir una plataforma de autor.
Pero antes de todo esto, nos centraremos en Kindle y solo en Kindle.

Por supuesto, puedes pensar que estar enfocado tiene sus ventajas y también sus inconvenientes. Por ejemplo, si no estás vendiendo tu eBook en Apple, pensarás que quizás puedas estar perdiendo lectores, de nuevo recuerda, que esta tarea del enfoque la hemos elegido porque nos parece la mejor para nuestro caso en nuestra situación actual, porque la experiencia muestra que los resultados obtenidos al centrarse en quien tiene el 67% del mercado mundial de eBooks, son por el momento, los mejores. Y esta estrategia, la más rentable.
En caso de ser un responsable editorial, como es mi caso, el KAMS se puede coordinar con otras estrategias externas, pero éstas no se describen en la presente obra pues sólo son necesarias para editoriales con varias lineas editoriales ya en el mercado. Si bien, en estos casos, también se puede utilizar KAMS para algunas de estas lineas editoriales y obtener buenos resultados.
Hay que tener presente que KAMS es complementario a otras estrategias comerciales, como pueda ser el uso de una plataforma de autor, si ya la tienes o la estás construyendo.
Como en toda estrategia, deben definirse unos objetivos a alcanzar. Ya seas un autor novel totalmente desconocido, un autor con experiencia o una editorial, tienes que fijar unos objetivos para llevar a cabo tu plan estratégico.
Dependerá de cada uno qué tipo de objetivos y en qué términos los pone sobre la mesa. Esencialmente al principio es mejor utilizar objetivos relativos, expresados en términos porcentuales.
Por ejemplo:«Aumentar las ventas de mi libro "Jardinería Cantando" en un 200% en dos meses»

KAMS paso a paso
Como hemos visto al comienzo de este capítulo, las claves de KAMS son: Utilizar los Elementos de Marketing propios de Kindle para optimizar nuestro eBook, Controlar las variaciones en las ventas debidas a nuestras acciones sobre dichos elementos, y Mantener nuestros eBooks al día, procurando un buen nivel de ventas.

Veamos como emplear el sistema en la práctica:
Paso 1
En base a la información contenida en la parte segunda del libro, utilizaremos los elementos de Marketing de Kindle para optimizar nuestro eBook y lo dejaremos a punto para su venta.
Paso 2
Llevaremos un registro de toda la actividad de ventas de nuestro eBook en kindle. Con la información obtenida en el registro, volveremos al paso 1 para mejorar posibles defectos.
Paso 3

Con la información contenida en la parte tercera del libro, crearemos un calendario de acciones pertinentes con el objeto de mantener nuestro eBook "vivo".

>> El proceso se repite indefinidamente y con cada eBook.
¿Estás preparado para la aventura de poder convertir tu eBook en un best seller?
Pues...¡Comenzamos!

SEGUNDA PARTE

ELEMENTOS DE MARKETING EN KINDLE

CAPITULO TERCERO

El Producto: Tu eBook

El propósito de este capítulo es dar a conocer al autor los requisitos mínimos indispensables que debe tener su libro para ser susceptible de conseguir ventas en Kindle.

Para ello dividiremos el producto en sus cuatro partes principales y las estudiaremos una a una:

- Contenido
- Título
- Portada
- Formato

●Contenido

Como hemos comentado anteriormente, el contenido de tu libro debe ser bueno, debe ser un libro que valga la pena leer. Si no es así podrás realizar algunas ventas al principio, pero sin duda llegarán los comentarios negativos y eso hará que tu libro se desplome.

Así que el primer trabajo que tiene un autor es el más importante: escribir un buen libro.

En el caso de los libros de no ficción, puede ser muy útil averiguar un poco por dónde se mueve tu competencia. Si has escrito un libro tipo "Jardinería Cantando" puedes aprovechar el potencial de Amazon para ver qué otros libros de jardinería están disponibles para Kindle y las características que ofrecen.

Busca entre los más vendidos en tu ámbito y observa sus tablas de contenidos, sus índices y las muestras que ofrecen. También puedes comprar algunos que sean de tu interés y ver qué aparece en ellos. Una vez hecho esto, pregúntate: ¿Es tu libro mejor que el de tu competencia? ¿En qué aspectos o en qué puntos te diferencias de los demás? ¿Por qué razón iba alguien a comprar tu libro? ¿Ofreces algo realmente exclusivo o hay muchos más libros como el tuyo en el mercado de eBooks?

Esto es importante a la hora de completar el contenido de un libro de no ficción puesto que con esta información adicional puedes mejorar los productos que venden tus competidores y conseguir una ventaja competitiva.

Lo fundamental es que el autor sea honesto y se esfuerce al máximo en conseguir un producto de calidad. Con esta base, lo demás será mucho más fácil.

En los libros de ficción esta técnica no puede utilizarse por la propia esencia de este tipo de obra. Sin embargo el autor de ficción deberá asegurarse de que ha escrito con honestidad su obra haciendo todo lo posible para mantenerse fiel a su estilo y a su forma de tramar las historias. Ya seas un escritor de novelas románticas o de cuentos, lo único que da valor a tu obra eres tú mismo.

¿Qué es una buena obra de ficción?

El autor de ficción debe tener en cuenta que nunca llueve a gusto de todos. Lo que a unos les parece una obra maestra de la literatura, a otros les puede parecer un aburrimiento o incluso algo peor. De este modo debemos siempre hacer nuestro trabajo de escritores poniendo nuestra fe y nuestro corazón en ello, sin pensar en qué dirán los demás.

Si a ti te parece que la obra que has escrito es buena, si consideras que es el mejor libro que podías escribir en este momento, entonces el libro es bueno y debes ponerlo a la venta. Habrá a quien le guste y habrá a quien no le guste, como en todas las cosas.

Nunca es aconsejable publicar un eBook del que no te sientes del todo satisfecho. Si piensas que puedes mejorarlo, hazlo antes de publicar.

●Título

El título es el Elemento de Marketing quizás más importante en Kindle. Tener un título que llame la atención del navegante (por la razón que sea) es de vital importancia si pretendemos vender nuestro eBook.

Debemos ponernos en la situación del navegante, del cliente potencial, para darnos cuenta de que lo primero que ve es una lista de títulos acompañados de una imagen en miniatura (la portada del eBook).

El cliente recibe un amplio listado de títulos, que incluye varias páginas, de modo que la cantidad de información que debe procesar es enorme.

Ante esta situación el cerebro se dedica a aquello que sabe hacer mejor: discriminar. Ante la avalancha de datos que supone leer un listado de libros, casi sin darnos cuenta vamos discriminando y desestimando información.

El cerebro sólo se fijará en aquello que llame su atención, y desechará todo lo demás. De forma que si el título de tu eBook no llama poderosamente la atención, por muy arriba que salga en los listados, el cliente lo desechará sin dedicarle ni un segundo, y casi sin percatarse pasará a enfocarse en aquellos títulos que le llamen la atención. Estás fuera. Venta perdida.

Por otro lado, además de llamar la atención el título debe describir muy bien el contenido del eBook (no ficción) o lo que puede esperarse de él (ficción).

De esta forma conseguimos llamar la atención del navegante y mandarle el mensaje de que el contenido del libro puede ser de su interés. Este es el punto clave (junto con la portada del eBook que veremos en el siguiente punto) para que un cliente haga clic sobre él y sea dirigido a la página de tu producto.

En caso de no cumplir estas dos condiciones (llamar atención+contenido interesante) las probabilidades de que alguien visite tu página de producto son ínfimas. Otra venta perdida.

No debemos permitir que pase esto, debemos buscar la manera de conseguir un título eficaz. Para ello existen varias técnicas de creatividad que puedes utilizar en la búsqueda de un buen título:

• **Técnicas de brainstorming**.
Puedes utilizar las diversas formas de hacer un brainstorming sólo o en grupo para conseguir material en crudo que después irás afinando.

• **Técnicas de juegos**.
Los juegos de creatividad están muy de moda y pueden servir para conseguir un buen título que satisfaga las dos demandas sustanciales. Libros

como el de Michael Michalko pueden ser muy útiles para ello. En este libro encontrarás una gran cantidad de técnicas creativas realmente útiles.

• **Utilizar las redes sociales.**
Una buena forma de conseguir un título es sugerir uno en las redes sociales y proponer mejoras o incluso propuestas totalmente nuevas.
A la gente le gusta colaborar en este tipo de cosas. Puedes, por ejemplo, utilizar tu perfil de Facebook para hacer una encuesta entre tus amistades y propagarla por la red en busca de resultados.

En cualquier caso, el título debe convencerte principalmente a ti. Tiene que gustarte de verdad. No deberíamos poner un título que no nos guste. Jamás, por mucho que haya salido favorecido en una encuesta social. Si te gusta "Jardinería Cantando" y crees que es el mejor título posible no lo cambies por "Canta y Planta", aunque este último haya resultado ganador en tu encuesta.
"Canta y Planta" es muy atractivo, sí, y quizás a todo el mundo le gustará más que "Jardinería Cantando", pero si alguien busca en Kindle por la palabra clave "Jardinería" tu libro no aparecerá en los resultados y lo que habrás conseguido es un bonito y popular título cuyo contenido no conoce ni compra nadie.
Más adelante veremos como aparecer en los resultados de búsqueda de forma más consistente pero por ahora ten en cuenta que el título es una de las más potentes palabras clave de las que dispones. Esfuérzate en conseguir el mejor título para tu eBook.
Recuerda que la imagen global de tu proyecto la tienes sólo tú, y que las demás personas se tomarán la invención de un título como un juego y no como lo que realmente es: la clave para vender tu eBook en Kindle.

Una vez tienes las mejores opciones para tu título deberías tratar de hacer una encuesta final cerrada. Esto significa que en tu encuesta sólo se podrá votar por alguno de los títulos que tú has puesto en ella sin permitir añadir nada más: cada persona votará por uno de los títulos propuestos y al final tendrás un ranking de títulos por popularidad. A partir de aquí y teniendo en cuenta todo el proyecto deberás decidir qué título es el más adecuado.

Cambiar el título

El sistema Kindle permite cambiar el título de tus libros. Esta es una gran ventaja respecto a la edición tradicional, pero no es un cambio menor, de forma que hay que hacerlo con cuidado.
Si observamos que el título no funciona, que no llama la atención, que no clican en él, debemos pensar en cambiarlo por otro que funcione mejor. No podemos estar cambiando el título cada dos por tres pero tenemos que tener en cuenta esta posibilidad de enmendar nuestros errores en cuanto a los títulos de nuestras obras.
Si nos pasamos la vida cambiando los títulos de los libros conseguiremos destruir nuestra reputación como autores y los lectores no nos tomarán en serio. Por norma diría que no debemos cambiar el título más que en ocasiones en que estemos convencidos de que el problema con nuestro eBook es el título, y que no queda más remedio que hacerlo.
Siempre comprueba todo lo demás (incluyendo la portada) antes de cambiar un título que has publicado convencido de que era bueno. Dale tiempo a tu

título en Kindle, como mínimo algunas semanas. Si al final llegas a la conclusión de que lo que falla es el título, entonces cámbialo sin mayores problemas.

Como veremos en el próximo capítulo, en los libros de no ficción el título debe ir muy ligado a las palabras clave. Para los libros de ficción pura, esta unión directa entre título y palabras clave no es tan importante.

●Portada

En el mundo editorial tradicional, el de los libros publicados en formato de papel, es bien conocida la importancia de una portada. De hecho está aceptado que la portada es elemento de marketing más importante a la hora de vender un libro.

Esto es lógico pues lo primero que ve un cliente en los mostradores de las librerías es precisamente la portada del libro. Aquél que consigue llamar la atención sobre los demás es el que tiene más probabilidades de que un cliente lo coja para hojearlo y quizás después comprarlo si lo considera conveniente. Esta circunstancia se da porque el cliente ve la portada antes incluso de poder leer el título.

En cuanto a la venta de eBooks, la portada es igualmente importante, pero existen algunas diferencias que vale la pena mencionar.

Cuando un cliente navega por los contenidos de Kindle, lo primero que ve no es la portada sino el título. El título está compuesto de texto (hypertext) mientras que la portada se compone de una imagen. Esto hace que el título se cargue siempre antes en la pantalla del cliente (aunque a simple vista parezca que ocurre simultáneamente).

Esta característica tiene algunas consecuencias que podemos resumir con la siguiente frase paradójica:

«En cuanto a la venta de eBooks se refiere, el título es más importante que la portada y sin embargo la portada tiene la misma importancia que el título.»

En realidad, es una forma de decir que la portada es importantísima, casi tan importante como el título a la hora de vender un eBook. Y además en el 99% de los libros el título está contenido en la portada.

Por tanto, el título, en cierta manera, hace la portada.

Es imprescindible tener estos datos en cuenta a la hora de hacer una portada para tu eBook. Y recuerda que si cambias el título de tu eBook (por las razones expuestas anteriormente en este capítulo) también deberás cambiar la portada.

Ten muy en cuenta esto si vas a contratar a algún diseñador para tu portada y plantéaselo antes de comenzar a trabajar con él. Como mínimo debe darte opción a varios títulos, o en su defecto, a que tu mismo puedas cambiar de forma muy fácil los títulos.

Los clientes potenciales asocian directamente la calidad y originalidad de la portada con la calidad del eBook. Es así de simple. Si tu eBook no tiene una portada impactante nadie se fijará en él. Pero si esta portada es impactante y un cliente clica en ella para ir a la página de tu producto, allí verá de nuevo la portada a un tamaño superior. Si esta portada impactante es de baja calidad, el cliente asociará esta mala calidad a tu producto y no lo comprará. Otra venta perdida. Esto se puede evitar haciendo una portada de nivel. De nivel significa de nivel profesional.

Si como autor independiente no puedes, no quieres, o no tienes tiempo para hacerte tu mismo una portada profesional, deberás contratarla a uno a varios profesionales. En este sentido es bueno contratar profesionales del marketing asociados al diseño (Branding). Una búsqueda por las redes sociales te permitirá conseguir un buen diseñador de portadas y un buen experto en marketing. Negocia con ellos un precio razonable y asegúrate de que son el tipo de profesional que estás buscando y de que tienen experiencia antes de contratarlos. Puedes encontrar profesionales, o pequeñas empresas que hagan ambas cosas: Marketing + Diseño de la portada.

Por defecto, Amazon colocará la portada estándar si tú mismo no pones una, pero esto hace que pases inadvertido para la mayor parte de las búsquedas. Los clientes buscan calidad, no asocian una portada estándar con la calidad que ellos merecen. Podrías tener una obra maestra cien años en Amazon, pero con la portada estándar sólo lo venderías si lo pusieras a precio cero (y tampoco esto es seguro. Muchos libros gratuitos, simplemente, no se venden).

Si, como responsable editorial, tienes una serie de libros con portadas profesionales que vienen del mundo del papel, deberás plantearte adecuarlas al mundo digital, pues de lo contrario estarás en desventaja respecto a tu competencia.

Características de una buena portada

La portada de un libro es un mensaje que se le envía al potencial cliente, de ti depende que le llegue la información de lo que realmente le quieres decir, sin distorsiones. Un mensaje sencillo pero potente es lo más efectivo a la hora de transmitir este tipo de información.

- **La portada transmite la idea, el concepto esencial del libro.**
  Una imagen vale más que mil palabras. Tu imagen de portada debe transmitir de una forma casi subliminal el tema principal del libro. Ya se trate de una cosa muy concreta como suele suceder en los libros de no ficción, como se trate de una emoción, como suele suceder en los libros de ficción, novelas etc, el mensaje debe ser claro en su significado.
- **Diseño impecable.**
  Tanto en forma como en contenido. La portada debe parecer impecable en cualquier tamaño. Dado que tu producto se verá en una gran variedad de dispositivos y a muchos tamaños diferentes debes asegurarte de que el formato de la misma es el adecuado. Consulta la ayuda de KDP para darle a tus portadas el tamaño y la definición que requieren.
  Si has contratado a un diseñador, él debería saber perfectamente cómo hacerlo. Si no es así no lo contrates, ni le pagues, hasta asegurarte de que lo va a hacer bien.
- **Llama la atención.**
  Por el color, por el estilo, por una foto, por la tipografía del título, por mil razones. Necesitas una portada que llame la atención y te diferencie de la competencia. Estudia a tu competencia navegando por las categorías de tu género o de tu nicho de mercado. Mira y compara entre ellas las portadas

que tienen éxito, las que más venden. Busca razones por las que aquella portada llama la atención y procura integrarte en este grupo, aportando algo diferente.

• **Es creativa, es diferente.**

La creatividad es la clave de la portada. Si consigues enlazar el tema de tu libro con una imagen en la portada del mismo, de una forma que llame la atención, tendrás la mitad de la venta hecha.

• **Utiliza buenas fotos o muy buenos dibujos.**

Las fotos son mucho más eficaces a la hora de vender un eBook que los dibujos o las figuras. Aunque ciertos diseños y dibujos de alto nivel pueden llegar a ser tan efectivos como una buena foto, en caso de duda inclínate siempre por la foto, es más realista y está universalmente más aceptada.

• **El indicador más claro de que una portada es buena: el eBook se vende**.

Si no se vende y has optimizado todo lo demás, cambia de portada. Nunca te apegues a una portada por bonita que sea, si no vende cámbiala sin más. El objetivo es vender eBooks utilizando portadas eficaces, no hacer portadas bonitas.

● **Formato**

De nuevo nos encontramos ante un asunto que tiene que ver con la profesionalidad del autor.

Un autor sabe el trabajo que representa escribir su libro. Son muchas horas de dedicación y de arduo trabajo, sería absurdo ponerle como envoltorio una portada de baja calidad, que no sólo baja la percepción de calidad de tu trabajo, sino también el número de ventas. Lo mismo podemos aplicarlo al formato del eBook. Si el formato de tu libro contiene errores, los clientes los verán rápidamente en la muestra y lo asociarán con un producto de baja calidad. No lo comprarán. Otra venta perdida.

Asegurarse de que el formato es el correcto es otro de los elementos clave en el marketing en Kindle. Debes asegurarte de ello siempre antes de publicar tu libro.

Como en alguno de los anteriores apartados de este capítulo, este tema no es tan sencillo para todo el mundo. Hay autores muy iniciados en las nuevas tecnologías que tendrán pocos problemas a la hora de utilizar las herramientas necesarias para dar formato a su eBook, sin embargo hay otros muchos autores que simplemente se dedican a hacer su trabajo, es decir, a escribir, y que prefieren dejar este asunto del formato en manos de un profesional. Esta es sin duda la mejor opción, pues te permite enfocarte en tu trabajo y colaborar con profesionales de otras áreas con el objetivo común de crear un buen producto.

Si decides darle tu mismo el formato a tu eBook, puedes encontrar varias guías para ello en Amazon y en otros portales. En concreto este libro es uno de los más sencillos.

Tanto si lo haces tú mismo como si contratas a un profesional el formateo de tu ebook, debes tener en cuenta lo siguiente:

- **Sencillez.**

Utiliza siempre lo más sencillo y elegante. No utilices fuentes extrañas ni tamaños raros. El conversor de KDP tiene sus propios algoritmos de conversión; cuantas más variaciones pongas, más difícil te será preservar tu idea original. Si quieres "virguerías" contrata a un profesional con experiencia.

- **Índice.**

Todo eBook debe incluir su índice de contenidos. Esta tabla de contenidos debe ser clara y sencilla. Los links deben funcionar y llevarte donde indican. Cuanto más larga y más compleja es una obra, más información debe facilitar el índice, pues al ser un libro electrónico el lector puede perderse muy fácilmente.

- **Corrección orto-tipográfica**.

Una sintaxis, tipografía, y una ortografía impecables son indispensables. Este apartado no hace falta explicarlo. Por supuesto en las obras de ficción se acepta lo que el texto deba decir, con el estilo propio del autor, sin concesiones.

- **Estructura.**

Más vale un formato sencillo pero fácil de entender que uno con muchas maravillas pero confuso. Un índice bien estructurado es esencial tanto para las obras de ficción como para las de no ficción. La estructura debe fluir de forma natural, evitando cambios bruscos que puedan confundir al lector. En el eBook ideal, el lector sabe exactamente dónde se encuentra y entiende el sentido en el avance del libro.

- **Links.**

Utiliza enlaces en el contenido de tu eBook sólo cuando sea estrictamente necesario. A no ser que estés escribiendo una guía de enlaces o algo parecido, el exceso de links en tus páginas hará que el lector se pierda y lo que es peor, deje de leer tu trabajo. Pon en tus páginas los links que consideres imprescindibles para la buena experiencia y comprensión del lector, ni más ni menos. Sí, muchas veces es necesario poner links de referencia además de los del índice, pero, como veremos de inmediato, siempre es mejor situarlos en las post- páginas.

- **Pre- y Post- páginas**.

Una vez tenemos bien definido el índice, y el contenido está bien estructurado y pulido, resulta conveniente añadir unas páginas anteriores al índice (pre-páginas), donde podemos mencionar al autor, a la editorial, el título, y alguna nota o prólogo de la edición.

Estas páginas deben ser, en número, las menos posibles. Hay libros con tantas pre-páginas, que en la muestra sólo se ve una o dos páginas del texto contenido; esto es un error pues el potencial cliente se ve frustrado y ve la posible compra como una apuesta. Otra venta perdida.

Idealmente, el inicio del libro se compondría de una sola pre-página, con toda la información, pero muchos autores deciden no hacerlo así por estética. Si nos centramos puramente en la venta como objetivo principal, una o dos páginas pre- son más que suficientes. Pero hay que hacerlas bien, ofreciendo siempre sensación de corrección y profesionalidad.

El final del eBook (Post- páginas) es un buen sitio para poner los créditos. Hacerlo profesionalmente implica incorporar otro elemento de Marketing en kindle: los links de referencia. Estos links se caracteriza por su relación directa con el autor y sus otras obras. Es un modo de retroalimentación muy importante.

El 86% de los usuarios de Kindle aprovecha el final de un libro para ver otras obras similares, y por tanto no podemos perder esta oportunidad de dirigir a nuestros lectores hacia lo que les podamos ofrecer. Es el momento más oportuno, así que hay que pensar un poco hacia dónde dirigimos estos links, de la forma que más nos convenga.

Lo más apropiado en estos casos sería dirigir al lector hacia:

- Los eBooks que tengas a la venta en Kindle. Un lector satisfecho tiene una probabilidad mucho mayor de comprar otro de tus libros. Los comentarios positivos de algún lector importante.
- Tu blog. En caso de tener un blog y querer ofrecer contenido adicional a tus lectores, este es un enlace que puede servirnos.
- Invitaciones a redes sociales. Esto es de gran utilidad para quienes pretenden fidelizar a sus lectores puesto que proporciona contacto directo con ellos.

Las post- páginas pueden ser un medio de comunicación franco y directo con tus lectores, constituyen una forma de comenzar o potenciar si ya la tienes, tu propia plataforma de autor, por ello es un lugar apropiado para poner notas de autor, agradecimientos y datos de contacto.

CAPITULO CUARTO

Metadatos y Palabras Clave

Como vimos en el Capítulo Cero, la principal causa que impide que tus potenciales lectores compren tu eBook se debe a que no lo conocen, no lo encuentran en sus búsquedas por Kindle.
Esto es debido a que para aparecer en las primeras páginas de resultados en las búsquedas que hacen los clientes de kindle, es necesario tener bien definidos una serie de parámetros, que son los que utiliza el robot de Amazon para localizar, seleccionar y mostrar los resultados que se le piden en cada ocasión.
Como dijimos antes, si un cliente busca por "Jardinería", por ejemplo, el robot buscará en las bases de datos de eBooks y ofrecerá los resultados que por relevancia (es decir, los que más se parecen) encuentre con el término "jardinería". ¿Pero en qué parte del libro busca "Jardinería"? ¿En el título? ¿En la portada? Lo veremos enseguida.
Configurar tu eBook para que aparezca en los principales puestos de las listas, tanto de búsquedas de eBooks como en el directorio de categorías de libros similares al nuestro, es el objetivo , y aquí es donde los metadatos aparecen en escena.

Metadatos. Qué son. Dónde se encuentran. Quién los utiliza.
Los metadatos son todos aquellos elementos, en forma de datos, que apuntan hacia tu libro, que están relacionados con tu libro de alguna manera. Estos pueden ser palabras o números e incluso estados.
Cualquier cosa que tenga que ver con tu libro y entre en una base de datos es un metadato. Vamos a verlo con un ejemplo:
Hemos publicado un eBook titulado "Jardinería Cantando". Lo hemos descrito como "Un sistema para aprender jardinería mientras cantas canciones populares".
En este ejemplo, el contenido del título es un metadato, es decir "Jardinería Cantando" es un metadato, pero también lo es "Jardinería" y "Cantando" por separado. El contenido de la descripción es también un metadato, y cada una de las palabras que lo componen es a su vez un metadato.
Si tienes un blog y escribes una entrada acerca de tu libro, el contenido de esa entrada también será un metadato. Si tu artículo incluye una imagen, el título que le des a esa imagen también es un metadato, así como las etiquetas (Tags) que pongas en tu entrada, la fecha de publicación y un infinito etcétera.
Es por tanto fácil determinar dónde se encuentran los metadatos: en todas partes donde tu libro tenga una presencia.

Cuando un robot busca en las bases de datos, en realidad lo que está haciendo es recopilar información de los metadatos de cada uno de los elementos y seleccionando los que mayor relevancia tienen.
¿Quién decide la relevancia y qué metadatos buscar, y dónde? Eso forma parte

de los algoritmos de cada sistema. Google utiliza los suyos, Yahoo otros distintos y Kindle, que es el que nos interesa, utiliza los suyos propios.

Aunque son casi completamente desconocidos los algoritmos completos de búsqueda de Amazon y de Kindle, hay algunos metadatos clave que sí son conocidos. Es de vital importancia que completes bien estos metadatos en tu producto si quieres aparecer en las búsquedas y en las categorías relacionadas con tu eBook.

En concreto, los metadatos más relevantes en Kindle son los siguientes:

1. El contenido del título.
2. El contenido de la descripción de tu eBook
3. Las 7 palabras clave que KDP te permite introducir.
4. EL contenido de los comentarios de los usuarios.
5. El estado de tu ebook.
6. Las categorías en las que se encuentra clasificado tu eBook.

Conviene saber que no todos los metadatos tienen el mismo peso, la misma importancia. El más importante en Kindle sin duda es el título del libro. Pero no es el único. Hay que tener en cuenta a todos ellos si queremos posicionar bien nuestro eBook. Los seis metadatos citados en la lista anterior son los básicos, los de más peso para Kindle, y por tanto tendremos que completarlos con cuidado, afinando al máximo su contenido. Esto quiere decir que rellenaremos cada metadato con elementos (palabras clave) equivalentes en importancia.

Palabras clave y dónde encontrar buenas palabras clave para tu eBook
Las palabras clave (keywords) son un tipo de metadatos específico que se relacionan directamente con un producto. Dicho de otra manera, las palabras clave son metadatos a los que se les asigna la cualidad de palabra clave.

Desde el punto de vista del marketing, las palabras clave son aquellas palabras, o conjuntos de palabras (frases) que utilizan los lectores de Kindle para encontrar libros similares al nuestro y que tratan los temas relacionados con dichas palabras o frases.

Por tanto resulta evidente que para tener bien posicionado un eBook en Kindle es imprescindible tener claramente definidas cuales son las palabras clave que mejor se adecuan a su búsqueda.

¿Cómo puedo determinar las palabras clave mejores para mi eBook?
Una buena forma de hacerlo es construyendo una lista de palabras clave por ti mismo y trabajarlas en Google Insights. Con esta herramienta disponible aquí, puedes analizar cuánta gente está buscando en Google los términos que le vayas pidiendo. Con los resultados puedes ver qué otro tipo de palabras relacionadas se están utilizando más en las búsquedas, y esto puede darte nuevas ideas para palabras clave. La norma aquí es elegir aquellas palabras clave que tienen mayor cantidad de peticiones. Si te centras en la popularidad de las palabras clave podrás determinar cuáles son mejores, pues tienen mayor número de peticiones.

Hay en Google adwords una herramienta para palabras clave totalmente parametrizable que vale la pena usar. Puedes encontrarla aquí si tienes una cuenta (si no la tienes, ábrete una, es gratis). Deberemos practicar un poco para ver su funcionamiento, y esto requiere algo de tiempo, pero el apartado de ayudas del sistema es lo suficientemente bueno y completo para obtener buenos resultados en pocas horas.

Táctica

Más arriba ya hemos comentado que hay que rellenar los metadatos con contenidos de la misma importancia. Esta es una táctica muy útil en Kindle. Vamos a detallar esto un poco más para que se entienda mejor.

Como sabemos el metadato título es el más importante y por lo tanto deberemos llenarlo con el dato más importante, es decir, con la mejor palabra clave de que dispongamos. Pero esto no siempre es posible ni aconsejable. Por lo tanto deberemos estudiar muy bien qué ponemos en cada metadato.

En un libro de ficción, es raro que el título coincida con una palabra clave y así debe ser, puesto que sería absurdo titular una obra, por ejemplo con el título "Novela romántica". Esto no tiene ningún sentido pues se trata de un género, de una palabra clave del metadato género o categoría, no de un título.

¿Qué hacer entonces?

Suponiendo que "Novela Romántica" sea una palabra clave importante para nuestro libro, respetaremos nuestro título teniendo en cuenta lo comentado en el primer capítulo, y utilizaremos la primera palabra clave para introducirlo en la Descripción, que es el primer metadato disponible más importante. Por tanto, podríamos utilizar nuestro título original, "Tiempo de amor", y en la descripción pondríamos "Esta es una novela romántica que cuenta la historia de dos enamorados...etc...etc...etc.."

Competencia y palabras clave

Otra buena forma de encontrar palabras clave es analizando a tu competencia.

Buscaremos libros similares al nuestro pero con la condición de que estén en los primeros puestos de las categorías y de las búsquedas relacionadas (probando distintas palabras clave), y también en las listas de los más vendidos. Analizaremos entonces sus metadatos visibles y determinaremos qué palabras clave pueden estar utilizando.

Esto no es tarea para hacer a la ligera; requiere trabajo y rigurosidad. Puedes utilizar una libreta e ir apuntando los metadatos de tu competencia, una hoja por cada uno de ellos. Simplemente apuntando la búsqueda que has realizado y los metadatos que vas encontrando en los primeros resultados de la lista. Si le dedicas un poco de tiempo y esfuerzo acabarás descubriendo cuáles son las palabras clave que más utiliza tu competencia.

Por supuesto, ¡tu competencia utiliza palabras clave!

Esto no debe desanimarnos para buscar las palabras clave que más nos interesen, puesto que existe un ciclo de realimentación que hace que muchas veces los eBooks, además de competir, sean complementarios. Es decir, a un mismo nivel de palabras clave, el usuario podrá elegir a tu competencia primero, pero de inmediato se encontrará con sugerencias tipo "Usuarios que vieron este producto también vieron" o "Quizás te interese..." Y allí aparecerá tu eBook.

Tómate tu tiempo, define bien las palabras clave, y los resultados llegarán.

Abuso de palabras clave

De nada sirve abusar de las palabras clave, es un error muy extendido que se paga caro.

Si el robot de Kindle detecta un exceso de palabras clave no seleccionará el eBook y éste pasará a los últimos puestos. Repetir una y otra vez las palabras clave es intrínsecamente negativo para nuestros propósitos. Es mucho mejor tener un buen listado de palabras clave (mínimo de 15) e ir colocándolas en los diversos contenedores de metadatos de nuestro eBook, de forma que aumentamos las opciones y evitamos el veto del robot.

Se pueden colocar palabras clave idénticas en varios metadatos, por ejemplo en la descripción y en la lista de 7 palabras clave de búsqueda de la sección de publicación de KDP. No hay problema en hacerlo así, es una buena forma de informar al robot del contenido de nuestro eBook, siempre que tengamos en cuenta que no debemos abusar de esto y que 2 palabras clave repetidas consecutivas en un mismo metadato es motivo suficiente para bajar la puntuación otorgada a tu eBook en sus algoritmos por el robot.

Esto tiene lógica puesto que de no ser así bastaría con poner la misma palabra clave (la más potente) en todos los metadatos y conseguiríamos ser los primeros de la lista de resultados siempre, lo cual sería ofrecer un servicio pésimo por parte de Kindle, además de un nido de spam insoportable.

Frases de palabras clave

Las palabras clave son palabras pero son también frases. Hay un error muy común en considerar que una palabra clave contenida en una frase es también una palabra clave. Esto es un error de consideración. Una palabra clave contenida en una frase clave no es una palabra clave, es un metadato. Sólo se convertirá en palabra clave si el algoritmo del motor de búsqueda así lo determina, pero como esto no se puede saber es mejor hacerlo al revés. Es decir, completa tus frases clave y después añade palabras clave sueltas.

Por ejemplo, para el libro "Jardinería Cantando", la frase "jardinería cantando" como palabra clave tiene un peso mucho menor que la palabra clave "Jardinería" sola. En este caso usaríamos por ejemplo: "Jardinería", "Aprender Jardinería" y "plantas" como palabras clave, y no "Jardinería cantando" porque nadie va a buscar esta frase en Kindle. Y no es seguro que el algoritmo determine que "Jardinería" es palabra clave por el hecho de estar contenida en una frase clave.

Sentido común

El tema de las palabras clave, los índices y los metadatos es lo suficientemente complejo como para llenar varios volúmenes por lo que es mejor utilizar una poderosa herramienta humana: el sentido común.

Si no tenemos tiempo o nos resulta molesto, por desconocido, comenzar a trastear en Google Insights, podemos siempre utilizar el sentido común.

En este caso:

- Haz un listado con las 15 palabras clave que mejor definan tu libro (Palabras y Frases).
- Analiza a tu competencia y determina 15 palabras clave más.
- Haz un filtro y determina cuáles son las 15 mejores entre todas las que

tienes.
- Utiliza estas 15 para rellenar tus metadatos, en el orden de importancia descrito en la lista al principio de este capítulo.

Finalmente, deberemos tener en cuenta que las estadísticas muestran que en un 90% de los casos, las búsquedas se componen de frases con 1, 2 ó 3 palabras. Utilizar frases clave con más cantidad de palabras sólo es aconsejable en libros de no ficción con temáticas muy específicas, en el resto, si no queremos bajar exponencialmente la cantidad de personas que vean nuestro eBook, es mejor ceñirse a un máximo de tres.

Por ejemplo:
- De una palabra: "jardinería".
- Frase clave de dos palabras: "aprender jardinería".
- Frase clave de tres palabras: "como aprender jardinería".
- Otra frase clave de 3 palabras: "libros de jardinería".

Siguiendo con el ejemplo anterior, supongamos que ponemos como palabra clave: "buen libro para aprender jardinería". Bien, estamos ante una palabra o frase clave compuesta de 5 palabras. Esto podría ser demasiado, porque si bien al buscar tal frase en Kindle saldremos probablemente en los primeros puestos de la lista de resultados, es también muy probable que seamos de los muy pocos (si no los únicos) en buscarla con estos términos, y por tanto muy pocos lectores encontrarán nuestro eBook.
Esto último es SEO muy básico, pero es importante tenerlo claro. Nunca utilices palabras clave específicas para encontrar solamente tu eBook, utiliza en cambio las que están utilizando los lectores ¡que no conocen tu eBook!, para encontrar libros similares al tuyo.

Puntos a tener en cuenta:

- Todo dato que tiene que ver con tu libro es un metadato.
- Las palabras clave son metadatos específicos para encontrar eBooks similares en algún aspecto.
- Investiga hasta encontrar las palabras clave adecuadas para tu eBook.
- Coloca las palabras clave en los metadatos de tu eBook, teniendo en cuenta el orden importancia de cada metadato y el peso específico de cada palabra clave.

CAPITULO QUINTO

Las 3 Funciones De Una Buena Descripción

La descripción de su libro es lo que los clientes ven cuando compran en la Tienda Kindle. En un libro de tapa dura, sería la descripción de la solapa interna. La descripción es el primer contacto del lector con el contenido de su libro. Si una descripción está bien escrita, los lectores sabrán que la calidad del libro es similar.

El párrafo anterior es la información que proporciona Amazon a través de la página de publicación de KDP.

Pero en realidad la descripción de tu eBook es mucho más, cumpliendo funciones en tres vertientes que deberemos tomar en consideración.

La descripción de un eBook en Kindle cumple 3 funciones fundamentales:
1. **Describir.**
2. **Visibilidad.**
3. **Cautivar al lector.**

Veámoslas una a una:

Describir

El texto que colocamos en ella es de vital importancia para el lector, puesto que aquí es donde éste se informa de las características principales del contenido de tu eBook. Todo eBook que queramos vender deberá describir de forma clara y precisa lo que el lector puede esperar de él si lo lee.

La descripción del libro debe ser agradable de leer porque de lo contrario el lector potencial se aburrirá y lo habremos perdido. Otra venta menos.

Para evitar esta situación debemos componer un buen texto descriptivo, que sea atractivo por sí mismo.

En las obras de ficción esta es una magnífica oportunidad para que el lector se haga una primera impresión de las experiencias que le esperan en el interior del eBook. Para los autores de no ficción esta es una magnífica ventana de transmisión de información.

Una vez un lector ha leído tu descripción, debe tener muy claro lo que hay en el interior del libro.

Visibilidad

Lo que no dicen en las páginas de ayuda a la publicación en KDP, es que la descripción es un elemento clave en el Marketing en Kindle, en cuanto a la visibilidad de tu libro. La descripción es un metadato de enorme peso específico y para conseguir unos buenos resultados en las ventas de nuestros eBooks debemos tener esto muy en cuenta.

Dado que la descripción es un potente metadato en Kindle, deberemos incluir en ella algunas de las palabras clave asociadas a nuestro libro. Esto obviamente requiere un esfuerzo doble, puesto que tendremos que combinar una descripción del contenido de nuestro eBook con la inclusión de las principales palabras clave. Hacer este esfuerzo de marketing es obligado si queremos que nuestro libro sea visible para el lector.

Cuando un usuario de Kindle hace una búsqueda, el robot de Kindle escanea la base de datos y tiene muy en cuenta el elemento descripción, por lo que los resultados que sirve después se verán muy influenciados por este elemento.

Tendremos que tener en cuenta sin duda este aspecto a la hora de redactar nuestra descripción.

En las obras de ficción este punto resulta menos obvio aunque es también importante, y habrá que tenerlo en cuenta. Si elegimos una descripción de nuestra novela en la que sólo hablamos de la trama y dejamos de lado aspectos como el género, o las motivaciones de los protagonistas, estaremos perdiendo oportunidades frente a nuestros competidores.

Para conseguir una buena descripción de una obra de ficción hay que estudiar bien a nuestros competidores con éxito. Mirar en las listas de más vendidos de nuestro género y aplicar técnicas de benchmarking para ver qué aspectos de nuestra descripción podemos mejorar.

Cautivar al lector

La tercera función que cumple el apartado descripción de nuestra página de producto en Kindle es la de cautivar al lector para que se decida a comprar nuestro eBook.

Además de informarle de los contenidos de nuestra obra, debemos aprovechar el momento en el que el lector nos está leyendo (está leyendo nuestra descripción) para convencerle de que compre. Bien conocido es en el mundo editorial tradicional el gran porcentaje de compra impulsiva en el mercado de los libros, y estando a un clic de hacerlo no podemos desaprovechar la oportunidad.

Para cuando el navegante haya terminado de leer tu descripción, debe estar ya convencido de querer comprar el eBook.

De nuevo, como todo elemento en el sistema KAMS, deberemos probar con distintas descripciones del producto, darles algo de tiempo y ver cuál es la que mejor funciona. Medir resultados y ajustar los elementos de marketing hasta encontrar el punto de máximo beneficio. La descripción de tu producto es uno más de estos elementos.

Componer una descripción con estas tres funciones en mente es un trabajo adicional que nos traerá recompensas. No sólo nos obligará a tener una visión más completa de nuestro libro y de su posición dentro del mercado, si no que aumentará considerablemente nuestro ratio de conversión a ventas.

Dediquémosle pues el tiempo y el trabajo que requiere.

Uso de HTML en la descripción

En la página de publicación de KDP se nos permite introducir nuestra descripción como un simple texto, Podemos introducir hasta 4.000 caracteres en este apartado.

Dependiendo mucho del tipo de obra será más o menos conveniente llenar el espacio completamente y aprovecharlo al máximo para ganar en palabras clave, o por el contrario, hacer una sucinta pero muy convincente descripción. Esto es algo que sólo nosotros podemos saber con cada uno de nuestros libros.

Hay obras en Kindle con una descripción de no más de tres líneas que han tenido un éxito fabuloso, mientras que hay algunos eBooks con explicaciones de contenido larguísimas pero poco efectivas a la hora de convencer.
Por norma general, los libros de no ficción necesitan descripciones más largas y detalladas que los libros de ficción. Además, si podemos incluir alguna imagen en la descripción de un eBook de no ficción, todavía resulta ésta más convincente y más profesional.
Para ello podemos utilizar las posibilidades de HTML que ofrece el apartado de la descripción.
Antes de continuar con los detalles del uso de HTML tenemos que tener en cuenta varios aspectos técnicos :

Para poner una descripción de producto en nuestro eBook, existen 2 posibles vías:

- Editando el apartado de descripción en la página de publicación de KDP.
- A través de la edición de nuestro libro en AuthorCentral.

El uso de AuthorCentral tiene sus ventajas y sus desventajas:
Una de las grandes ventajas es que no necesitas saber nada de HTML, puedes hacer una descripción muy correcta utilizando las herramientas de edición en el apartado de descripción de libro. Esto da una gran facilidad a autores que no están familiarizados con HTML, pues con el editor interno es fácil y transparente.
La desventaja reside en que no podemos desde AuthoCentral explotar todas las capacidades de HTML, pues está bastante limitado. Una de estas limitaciones es que no podemos añadir imágenes a la descripción

**Nota: AuthorCentral funciona para todos los países, pero la biografía del autor sólo aparece (por el momento) en Amazon.com. Sin embargo, si utilizas la edición de la descripción de tu libro en AuthorCentral, ésta sí aparece en todas las tiendas de amazon (.com, .es, .co.uk, etc..), y la que haya en KDP queda anulada .

Decide cuál de las dos vías utilizarás para editar la descripción de tu eBook teniendo en cuenta esto y sabiendo que una vez edites la descripción vía AuthorCentral ya no podrás volver atrás, la descripción que pongas a través de la página de publicación de KDP quedará inutilizada a efectos de publicación (para ése eBook concreto)..

^^^^^^
ESTA FUNCIONALIDAD HA SIDO ELIMINADA POR AMAZON. YA NO FUNCIONA.^
^^^^^^
Veamos, tras este paréntesis, cómo utilizar HTML en la descripción de tu eBook a través de la página de publicación de KDP.
Lo único que hay que hacer para poner código HTML en tu descripción es cambiar 2 elementos del código, y sustituirlos por otros.
En concreto sustituiremos los caracteres "<" de nuestro código (el que

hayamos compuesto con nuestro editor HTML) por "<" y también sustituiremos "<" por los caracteres ">".

Copiaremos y pegaremos el código con estos cambios en la casilla de descripción. Con estos cambios KDP reconocerá nuestro código como HTML y lo presentará fielmente en la descripción cuando los usuarios demanden nuestra página de producto.

A tener en cuenta: Esto sirve para códigos HTML sencillos, los más complejos no funcionarán. Puedes añadir una imagen sin problemas pero si intentamos trabajar con css y demás, nos encontraremos con un apartado de descripción rocambolesco y esto afectará directamente a nuestras ventas.

Utilicemos HTML si lo consideramos necesario pero con cautela. Además tengamos en cuenta que el resultado es mucho más lento que en la página de autor, pues deberemos esperar a que nos revisen y publiquen el eBook, muchas veces 48 horas más tarde.

Asegurémonos bien de que el código es simple y correcto, y que no hay elementos extraños que puedan desbaratar la descripción.

Contrata a un editor acostumbrado a trabajar con HTML si no estás seguro de hacerlo bien, por poco dinero conseguirás una descripción profesional con HTML.

En los libros de ficción el uso de HTML no es necesario y, en su caso, mejor utilizar la herramienta de AuthorCentral.

^^^^^^

Nota Feb 2015- ESTA FUNCIONALIDAD HA SIDO ELIMINADA POR AMAZON. YA NO FUNCIONA.^

^^^^^^

Veamos un ejemplo:

Esta sería la sección Descripción en nuestra página de producto del libro Jardinería Cantando (código HTML original del editor HTML):

> *<span style="color:#F90"><strong>Aprende Jardinería moderna con el sistema más fácil y divertido!</strong></span>*
>
> *<ul>*
> *<li>¿Te gustaría comenzar a cantar a la vez que aprendes Jardinería de forma fácil?</li>*
> *<li>Aprende en poco tiempo jardinería botánica mientras aprendes canciones populares.</li>*
> *</ul>*
> *<p><strong>Te presentamos el mejor modo de aprender a cuidar tus plantas
*
> *mientras te lo pasas en grande cantando preciosas canciones populares.</strong></p>*
> *<p><img src="http://AQUI_LA_URL_DE_TU_IMAGEN.jpg" /></p>*
> *<strong><span style="color:#F90;">NUNCA ANTES APRENDER JARDINERIA
*
> *TE PROPORCIONÓ TANTO PLACER Y DIVERTIMENTO.</span></strong>*

Y a continuación el código HTML correspondiente (el que colocaremos en la caja de diálogo "Descripción"en la página de publicación de KDP:

> *<span style="color:#F90"><strong>Aprende Jardinería moderna con el sistema más fácil y divertido!*

</strong></span>
<ul>
<li>¿Te gustaría comenzar a cantar a la vez que aprendes Jardinería de forma fácil?</li>
<li>Aprende en poco tiempo jardinería botánica mientras aprendes canciones populares.</li>
</ul>
<p><strong>Te presentamos el mejor modo de aprender a cuidar tus plantas
mientras te lo pasas en grande cantando preciosas canciones populares.</strong></p>
<p><img src="http://AQUI_LA_URL_DE_TU_IMAGEN.jpg" /></p>
<strong><span style="color:#F90;">NUNCA ANTES APRENDER JARDINERIA
TE PROPORCIONÓ TANTO PLACER Y DIVERTIMENTO.</span></strong>

ESTO ES UN EJEMPLO. NO COPIES NI PEGUES ESTE CODIGO EN TU PAGINA

¿Recuerdas el capítulo de metadatos? Allí vimos que es importante nombrar cualquier cosa que tenga que ver con tu eBook con palabras clave cuando fuera posible. Aplícalo también aquí y dale a tu imagen un nombre palabra clave. (por ej. aprender_jardineria.jpg). De esta forma estás potenciando tu eBook, combinando y optimizando todos los elementos del Marketing en Kindle para que se posicione donde debe estar. Si en algún momento el software del buscador de Kindle decide que los nombres de imágenes de referencia pasan de ser un metadato no utilizado a palabra clave a tener en cuenta, tu eBook ya estará bien posicionado.

Trabajando así, sin duda reforzamos la solidez y estabilidad de nuestro marketing y mejoramos nuestras ventas actuales y futuras. Todo suma.

^^^^^
ESTA FUNCIONALIDAD HA SIDO ELIMINADA POR AMAZON. YA NO FUNCIONA.^
^^^^^

CAPITULO SEXTO

Categorías en Kindle

En este capítulo vamos a intentar aclarar qué son las categorías del sistema Kindle, su importancia y cómo elegirlas correctamente para que nuestro eBook se encuentre bien posicionado.

Este es uno de los elementos más complejos del Marketing en Kindle, pero también uno de los más potentes. Una vez más el KAMS se centra en el enfoque y en la sencillez. Utilizaremos para ello una estrategia sencilla para categorizar nuestro eBook, pero antes...

Vamos a ver de nuevo qué nos dicen las páginas de ayuda de KDP en cuanto a la selección de categorías para nuestro eBook:

Las categorías de exploración son las secciones de la tienda Kindle donde los usuarios pueden buscar su libro. Las categorías de exploración equivalen a las secciones de una librería real (ficción, historia, etc.). Puede seleccionar hasta dos categorías de exploración para su libro. Si las categorías de exploración se definen correctamente, será más fácil que los lectores encuentren su libro, y por eso debe indicar las categorías más apropiadas para su libro.

La información en principio es correcta y fácil de entender, pero hay aquí una omisión clara y flagrante que tarde o temprano confunde al autor: Las categorías que elige el autor para su eBook cuando lo publica, no se corresponden exactamente a las categorías que ve el navegante cuando va en busca de un eBook para comprar en Kindle.

Las razones por las que esto es así son complejas y no están del todo claras. Hay quien apunta al sistema de clasificación de libros de papel como culpable de este sistema de categorización. No se sabe con certeza, pero esto nos debe dar igual; la cuestión es que es así. Debemos tenerlo en cuenta porque de lo contrario nos pasaremos la vida buscando y cambiando las categorías de nuestro eBook en un intento de colocarlas en el lugar que nos gustaría (nos gusta porque lo hemos visto en la tienda de Kindle), lugar que, en realidad no encontraremos nunca en las opciones de selección de categorías de KDP.

Kindle nos permite elegir dos categorías distintas al publicar pero, ¿cuáles debemos elegir?

Lo cierto esto no es determinante. ¿Por qué? Por que Kindle se ocupará de eso con el paso del tiempo, sin que tú hagas nada.

A no ser que tengas muy claras las 2 categorías donde quieres que tu eBook se encuentre, no trates de romperte la cabeza con el tema de la selección de categorías. Simplemente repasa a fondo el árbol de categorías que se te ofrece y elige las 2 que mejor se adapten a las características de tu libro. Después deja que sea Kindle quien haga el trabajo de categorización.

En caso de que hayas estado navegando por la tienda Kindle y hayas encontrado una o dos categorías que piensas que son las idóneas para tu eBook y estás decidido a ponerlo justo en esas categorías haz lo siguiente:

- Determina las categorías en las que quieres estar.
- Búscalas en el árbol de categorías de la página de publicación de tu eBook en KDP (el lugar donde se eligen las categorías) y elígelas. Entonces completa la publicación del eBook.
- Si en el árbol de KDP, dentro de la página de publicación, no están las categorías que tú has elegido, entonces:

  - Elige como categoría "Inclasificable" y publica el eBook.
  - Entra y KDP y vete al link de contacto (parte baja de la página a la derecha), y una vez en la página de contacto, envía la información de tu producto y las categorías en las que quieres colocarlo y la tienda (amazon.es, amazon.com etc...). Espera una respuesta.
  - Puede que te hagan caso, puede que no. La política de categorización por esta vía de contacto es algo confusa; a veces te responderán una vez hayan hecho el trabajo , confirmándotelo, y otras veces te responderán que no pueden hacerlo. Pero nada se pierde con probar.

Con el tiempo y las ventas las categorías en Kindle pueden ir cambiando. Un buen día puedes entrar en KDP y ver que tu eBook esta clasificado en 4 categorías distintas. Esto es normal pues significa que el trabajo que hemos estado haciendo con los metadatos y las palabras clave está comenzando a dar sus frutos.

Bien, ya tenemos nuestro eBook categorizado, pero aunque esté clasificado en una categoría determinada eso no es garantía de que se vaya a vender. Si no aparecemos en los primeros puestos del listado de cada categoría nuestras posibilidades de venta serán muy bajas. Por ello es necesario hacer un estudio de las categorías que nos interesan y analizar a fondo los metadatos y palabras clave de relevancia.
Antes hemos comentado que no es determinante qué categorías eliges pero... no hemos dicho que no debas conocerlas.

ATENCIÓN: Debes conocer a la perfección tu producto, el de tu competencia y aquellas categorías en las que tu libro encaja mejor. Esto es imperativo saberlo muy bien, de lo contrario, tu ranking en las listas por categoría será tan bajo que apenas nadie tendrá la paciencia de ir pasando páginas hasta llegar a tu eBook. Debes conocer las categorías de tu eBook y asociarles palabras clave bien definidas.

Se elige mucho mejor una categoría componiendo una buena página de descripción, y dejando que sea Kindle quien (apoyándose en las palabras clave que hemos colocado estratégicamente en ella) categorice tu eBook.
Veremos más acerca de las categorías en la parte de Mantenimiento de esta guía.

CAPITULO SEPTIMO

Opiniones de los lectores (Reviews)

Cualquiera que haya comprado libros en Amazon sabe de la importancia de las opiniones y reseñas de los lectores a la hora de comprar un libro.
Cuando nos interesamos por una obra concreta buscamos razones que nos convenzan de que aquel eBook es precisamente aquello que andábamos buscando. Da igual el tipo de libro que nos interese, da igual el género: las opiniones de los lectores pueden influir determinantemente en la decisión de compra de cualquier cliente potencial.

Opiniones y ventas
Por norma podemos considerar que las opiniones de los lectores podrán influir hasta en un 80% de las ventas. Tal es su poder. Esto es lógico pues como dijimos antes las opiniones son una forma de confirmar aquello que esperamos del eBook. Puede ser pasarlo bien en un eBook de humor, puede ser emocionarnos si se trata de una novela romántica o puede ser aprender jardinería de un modo diferente si ello es lo que pretendemos.
Otros usuario han comprado el libro, han pagado por él y pueden orientarnos acerca de su contenido; si lo que leemos en las opiniones está en consonancia con lo que buscamos, será como un empujón hacia la compra y nos hará decidirnos por comprar. Si por el contrario las opiniones apuntan a que no encontraremos en el eBook lo que queremos, o peor todavía, si apuntan a una mala calidad del mismo, definitivamente dejaremos de perder el tiempo y nos centraremos en otros eBooks que sí satisfagan nuestras exigencias.
Ya lo comentamos antes: una mala opinión reduce las ventas de un eBook mucho más de lo que una buena opinión las potencia.

Opiniones como metadatos
Otra cosa a tener muy en cuenta es que las opiniones son en realidad metadatos. Y no son un tipo de metadatos menor. Las opiniones de los lectores son también lugares donde el robot de Kindle rastrea en busca de palabras clave. Esto es fundamental saberlo porque puede hacer que nuestro eBook suba muchas posiciones en las listas.
Sobretodo las opiniones con votos positivos ("Te ha parecido útil esta opinión?") tienen un peso específico enorme y son convertidas en palabras clave por el robot.
Por tanto , a la hora de dejar una opinión, sin saberlo, el lector está dando información a Kindle para que ordene sus búsquedas por palabras clave.
Poco es lo que se puede hacer al respecto pues cada cliente pondrá la opinión que le parezca sin que nosotros podamos influir.
Lo que sí podemos hacer para ayudar un poco en este campo es solicitar a nuestros amigos que revisen nuestro libro y den su opinión al respecto, destacando las palabras clave que nos interesen. Por ejemplo, podemos

regalar el eBook a algún amigo o familiar y pedirle que, en caso de gustarle, publique una opinión destacando que se trata de ..." un método fácil y divertido para aprender jardinería..."
De esta forma conseguiremos una opinión positiva y a la vez estaremos propiciando una mejora en la búsqueda por palabras clave. Todo suma.

Las opiniones negativas y qué hacer con ellas

Las malas opiniones de nuestro eBook pueden ser devastadoras pues frenarán la compra de muchos eBooks, pero también tienen una parte positiva. Lo cierto es que no podemos hacer nada contra una mala opinión pero sí podemos sacar algún partido de ellas: por muy mala que sea una opinión, las palabras clave se utilizarán por parte de Kindle igual que si fuera una buena opinión. Esto significa que los navegantes podrán encontrar con mayor facilidad nuestro eBook en Kindle.
Por ejemplo, supongamos que alguien publica una opinión en estos términos:
"Este libro pretende ser una método para aprender jardinería cantando pero es demasiado complejo y las letras de las canciones están mal escritas. No lo recomendaría si lo que se pretende es aprender a cuidar tus plantas cantando."
A pesar de ser una mala opinión que además desaconseja la compra de nuestro eBook, lo que hace el navegante sin saberlo es aumentar nuestras posibilidades de aparecer en las primeras páginas de búsquedas para: Jardinería, aprender jardinería, cuidar tus plantas etc...
Por tanto, dentro de lo malo sacamos algo bueno.

A continuación debemos procurar conseguir algunas opiniones positivas para contrarrestar el efecto negativo del comentario.
Tengamos en cuenta que nunca llueve al gusto de todos y que es normal encontrar opiniones negativas para cualquier producto. El problema surge si todas, o la mayoría de opiniones son negativas. En tal caso, deberemos plantearnos seriamente retirar nuestra obra y rehacerla para volverla a publicar, más adelante, bajo un título y un ASIN nuevo en Kindle KDP.

Opiniones falsas

Las opiniones falsas no son aconsejables para nadie. Tú como autor debes evitar poner opiniones falsas sobre tu eBook y también sobre otros libros de tu competencia.
Las opiniones falsas son inevitables. Siempre puede surgir alguien con malas intenciones que publique una opinión negativa de nuestro eBook. Si es así, informa a los responsables de Kindle para que lo tengan en cuenta. Si el cliente ha comprado el eBook, tienes pocas posibilidades de que te hagan caso, pero en caso de repetirse con otro de tus eBooks, investigarán y podrán anular la cuenta del malvado.

Opiniones pagadas

Existen empresas y personas dedicadas a cobrar por poner opiniones. NUNCA hagas este tipo de actuaciones o podrías verte vetado en Kindle. Tarde o temprano lo descubrirían y todo tu trabajo se vendría abajo. Deja que sean los lectores quienes opinen libremente acerca de tu eBook. Vivirás más tranquilo, tendrás un feedback real de cómo te ven los lectores y eso te impulsará a mejorar. Recuerda que por muchas opiniones buenas que tengas, si tu obra no lo es, acabará por caer.

Opiniones que apuntan a tu libro
Amazon permite hacer referencia a otros libros en una opinión. Esto se hace con un enlace directo al libro, eBook, o producto que el cliente quiera.
Obviamente esto se hace para facilidad del usuario, para que tenga un acceso rápido y directo a productos relacionados que le puedan interesar.
Podrías tener la tentación de apuntar hacia tu propio libro desde la opinión, por ejemplo, de un libro de la competencia. Podrías hacerlo también desde la cuenta Amazon de un amigo. Nunca hagas esto. Amazon no permite que envíes links a tus propios productos. Si realizas estas prácticas puedes quedarte fuera de Kindle y perder tu oportunidad de ser un autor independiente. Además podrías conseguir que tus amigos vieran como pierden sus cuentas en Amazon por este tipo de cosas.

Deja que las cosas fluyan de modo natural; si tu libro es bueno y está bien optimizado, otros usuarios y clientes satisfechos apuntarán sin dudar hacia tu libro desde otros productos.

Cuentas relacionadas
Las malas prácticas señaladas anteriormente harán que los sistemas de Amazon y Kindle las detecten antes o después.
El primer paso entonces será borrar todas esas opiniones (falsas, malintencionadas, las que apuntan a tu libro, etc...), y una vez borradas el sistema asociará todas esas cuentas con la tuya e imposibilitará que pongan ninguna opinión más en tu libro. Y no sólo en un libro sino en todos los que puedas tener publicados.
Así que, cuidado con estas prácticas. De nuevo, deja que fluyan las cosas. Deja que la gente opine libremente y saldrás ganando.

Ratio de opiniones y Valoración (estrellas).
El ratio entre las ventas/lectores que publican opinión es muy variable, sin embargo podemos hacer algunas indicaciones aproximadas al respecto.
• Un ratio de 700/1 se considera lo normal (tienes que vender 700 copias para conseguir que alguien publique una opinión de tu libro). A la gente no le gusta opinar, o mejor dicho, no quieren hacer el esfuerzo de tener que opinar; les gusta leer.
• Para los libros gratuitos el ratio sube un poco hasta 250-300/1.
• Las malas opiniones tienen un ratio distinto. Es mucho más fácil que un lector, enojado porque no se han cumplido sus expectativas, publique una opinión negativa, que lo haga un cliente satisfecho con una positiva.
• Es muy extraño que alguien valore con 5 estrellas un libro. En este caso es muy probable que sea de algún conocido, y por lo tanto no sea objetiva su opinión. Cuando un libro se convierte en un best-seller y recibe cientos de opiniones las posibilidades de recibir 5 estrellas reales aumentan, quizás debido a la desinhibición de los lectores al ver que otros muchos han valorado el libro tan positivamente.

• Las buenas reseñas, las que te dirán cómo es realmente un eBook, son las que valoran con 2, 3 y 4 estrellas. Debemos fijarnos en éstas al hacer una búsqueda y también a la hora de saber qué opinan los lectores de nuestro trabajo.

CAPITULO OCTAVO

El Autor

Una de las principales barreras con las que puede encontrarse un autor independiente es la de no ser conocido. El lector potencial busca siempre razones que le justifiquen la compra de un libro y una de las más importantes es el prestigio o la reputación del autor. Otra de las razones más importantes es haber leído con anterioridad una obra del mismo autor, con lo que el lector ya tiene una experiencia positiva con él.

Para vender eBooks en Kindle tenemos que superar esta barrera de alguna forma, teniendo en cuenta que dependiendo del tipo de libro que queramos vender, las razones de compra son distintas, y que los lectores buscan apoyos distintos.

Credibilidad

En realidad al lector no le importa mucho quién seas o a qué te dedicas, lo que busca él en el autor de una obra, sea del tipo que sea, es la credibilidad.

La ventaja que tiene un autor conocido es que parte con esa credibilidad y por tanto tiene superada de antemano esta barrera. El autor desconocido debe enfrentar este problema forjando su credibilidad como autor. Para hacerlo dispone de algunas herramientas que, bien utilizadas, conseguirán bajar las barreras, de forma que el lector pueda comprar con mayor tranquilidad y confianza su obra.

El autor de ficción.

El autor de ficción genera credibilidad mediante sus obras. De nada le sirve ser Doctor Honoris Causa en literatura si sus obras son tan aburridas que a nadie le interesan.

Esto es una ventaja para el autor desconocido puesto que también a él se le juzgará por sus obras.

Aquí puede ayudar mucho la muestra que ofrece Kindle de tu libro. Es el punto clave para que el lector pueda ver si tu estilo de escritura le atrae, o le puede interesar. Todas las consideraciones que comentamos en el capítulo referido al eBook (Capítulo Tercero) tienen su cabida aquí.

Si con unas cuantas líneas el lector queda satisfecho, no le importará si eres conocido o no, puesto que lo que él busca es la experiencia de placer que le brinda un buen libro, y no la doctrina de quien lo escribe.

Procuraremos pues dar a conocer nuestro estilo a través de nuestras obras. Podemos considerar seriamente ofrecer algunos trabajos menores a un precio muy bajo para atraer a más lectores, darles a conocer nuestras habilidades como autores y de esta forma superar la barrera de compra.

Otra de las cosas que podemos hacer es dar gratuitamente los primeros capítulos para que el potencial lector juzgue por sí mismo si le motiva la compra de nuestro libro.

Por eso es tan importante tener el mejor libro que hayamos podido escribir, con la mejor calidad posible, porque poco a poco conseguiremos la reputación de un autor importante, independiente, pero que se toma su tiempo y su trabajo muy en serio. Esto es fundamental para el autor desconocido de ficción.
Escribe bien, muestra tu trabajo y los lectores vendrán.

El autor de no ficción
Para el autor de no ficción la cuestión de la credibilidad es un poco más complicada. El lector potencial de no ficción quiere asegurarse de que el autor de la obra sabe de lo que está hablando y no es un oportunista o un parlanchín. Quiere conocer por qué razones debería comprar un libro a esta persona y no a otra y quiere poder comprobar que lo que se le ofrece tiene una base real detrás.
En estos casos, podemos utilizar la herramienta que nos ofrece AuthorCentral para rellenar y dar a conocer nuestra biografía.
Para componer una buena biografía en un autor de no ficción deberemos enfocarla al tema que nos ocupa, es decir, la biografía que se refiere al tema de nuestro eBook.
No es necesario ser un autor conocido para vender obras de no ficción, pero sí es necesario dejar lo más claro posible por qué hemos escrito tal obra y qué razones nos avalan para poder escribir con conocimiento de causa una obra de tal temática.

Biografía del autor
Para componer nuestra biografía de autor en kindle, nos dirigiremos a AuthorCentral.com y abriremos una cuenta. Es totalmente gratuita.
Una vez confirmada nuestra alta de la cuenta podemos reclamar nuestro libro y editar todos los detalles que nos interesen (recordemos el capítulo de la descripción y sus limitaciones en AuthorCentral, para no editarla aquí si no nos interesa).
En la sección correspondiente al "Perfil" encontraremos la posibilidad de editar la biografía. Esta biografía aparecerá en la página de nuestro libro de forma automática, debajo de los detalles del producto, pero sólo en la versión de amazon.com.
Este detalle es importante. Si lo que pretendemos es dar información de autor en amazon.es, deberemos ponerlo al final de la descripción del libro a modo de nota. Dos o tres líneas de biografía serán suficientes.

En este caso debemos asegurarnos de:

- Destacar los puntos importantes de nuestra biografía relacionados con nuestro trabajo.
- En el caso de autores de no ficción añadiremos elementos que nos confieran autoridad en el campo de conocimiento de que trate el eBook.
- Mencionar premios y otras experiencias de valor si las hubiera.
- Mencionar de forma concisa pero clara los motivos que nos han llevado a escribir el libro.

Una biografía más detallada, incluyendo una fotografía y con mayor número de detalles y aspectos puede publicarse en AuthorCentral también si nos interesa. Pero recordemos que no aparecerá más que en la página de nuestro producto en amazon.com (por el momento).

CAPITULO NOVENO

Ficción vs. No Ficción

Son muchos los autores que en foros y redes sociales comentan sobre la diferencia en el marketing editorial respecto a las obras de ficción frente a las de no ficción.

En el marketing editorial tradicional (libros en papel), la diferencia entre ambos tipos de libros es enorme. Sólo teniendo en cuenta que tienen canales diferentes de venta es fácil de entender tal diferencia. Pero en el marketing digital, y en concreto en el que nos interesa a nosotros, el Marketing en Kindle, las diferencias no son tantas como pudiéramos pensar. Hay más similitudes que diferencias.

Veamos estas **similitudes**:

- El canal de ventas es el mismo para todo tipo de obras.
- La facilidad de compra es exactamente la misma. Los métodos de pago son idénticos.
- Los apoyos al Marketing son idénticos. Las sugerencias de amazon, las opiniones de los lectores, las campañas de emails de Amazon, las promociones. Todas son exactamente las mismas herramientas y los mismos apoyos. Para todo tipo de libros, tanto de de ficción como de no ficción.
- Los metadatos son los mismos.

Veamos ahora posibles **diferencias**:

- Los precios varían. De media, una obra de no ficción se venderá a un precio sensiblemente mayor. No profundizaremos en las razones de esto, sólo comentar que un libro de no ficción está muchas veces sujeto a un tiempo de caducidad, cosa que no pasa en los de no ficción. Además un libro de ficción suele servir de consulta con lo que es utilizado y revisado una y otra vez. Esto no suele pasar con los libros de ficción. Como consecuencia el valor percibido en una obra de no ficción es relativamente mayor.
- Las palabras clave varían, y su método de encontrarlas también. Mientras que en una obra de ficción las palabras clave suelen ser más fáciles de determinar, en una de ficción esto no es tan obvio. Al no ser cosas concretas sino emociones, experiencias y situaciones, las palabras clave en una obra de ficción son más sutiles y difíciles de valorar. Esto no significa que no existan y/o no tengan valor. Existen y tienen mucho valor. En cualquier caso al igual que un escritor de no ficción, el autor está obligado a conocer en profundidad aquello de lo que escribe en su libro, de tal forma que debería serle fácil encontrar las palabras clave que más se adecuen a su libro. De la misma forma, un autor de ficción que se precie debe poder transmitir de forma relativamente fácil la esencia de su obra. Y debe poder componer una perfecta Descripción de su libro incluyendo las palabras clave precisas y

necesarias. En un libro de ficción las palabras clave suelen ser frases más largas que en uno de ficción. Las frases clave de la ficción, en la medida que sea posible, deben envolver a lector en el ambiente de la obra.

• Como hemos comentado en el Capítulo Primero, el título de una obra es uno de los elementos más importantes del Marketing en Kindle. Las personas compran libros por el título y por la portada. En una obra de ficción, el título cobra una importancia mucho mayor que en una de no ficción. El mismo libro con títulos distintos de una novela puede tener resultados radical y absolutamente distintos. El título es de ficción y la portada es de no ficción. Sirva esto como referencia habitual, Obviamente habrá excepciones a esto, pero como norma general es así. Si tienes un libro de ficción y quieres venderlo, el título lo es todo.

• Un lector de ficción es mucho más rentable que uno de no ficción. Esto es así pues un lector de ficción comprará una y otra vez los libros del autor de su agrado. Esto, aunque puede darse en no ficción, se da mucho menos que en obras de ficción. Debemos tener esto en cuenta a la hora de formatear nuestros libros (Capítulo Décimo, pre- y post- páginas) con el objetivo de facilitar a nuestros lectores la compra de más títulos nuestros.

Por tanto, el sistema KAMS se aplica a títulos de ficción y también a títulos de no ficción, cada uno con sus particularidades. Tarea del autor que quiere vender sus eBooks es buscar la forma de aplicar las técnicas de marketing descritas con un enfoque apropiado a su producto.

TERCERA PARTE

MANTENER LAS VENTAS

CAPITULO DECIMO

Mantenimiento

Un mantenimiento es necesario

Una vez optimizado nuestro eBook para su venta en Kindle podríamos pensar que ya está todo hecho, que simplemente dejándolo allí irá haciendo su camino y se estabilizará en su zona o banda de ventas. Esto no es así y, aunque pueden darse temporadas o rachas de ventas buenas, si no hacemos algo más, pronto volverán las vacas flacas y nuestro eBook podría caer en el olvido.

Como hemos comentado en el Capítulo Primero, Kindle es en gran medida un sistema orgánico y eso tiene implicaciones directas en lo que al paso del tiempo se refiere: cuanto más "vivo" esté tu eBook, mayores probabilidades de exposición tendrá. Por ejemplo, en una búsqueda sencilla por palabras clave, aparecerán antes los eBooks que tengan una cierta actividad sobre aquellos otros que hayan estado inactivos por más tiempo.

Cualquier sistema orgánico tiene preferencia por lo vivo, y en este caso, vivo significa que tiene actualizaciones en algún sentido.

Se hace por tanto necesario tener un calendario de actualizaciones de nuestros eBooks con el fin de mantenerlos al día y también de evitar ser relegados en influencia por los motores de búsqueda de Kindle.

Cuestiones clave en el mantenimiento de un eBook en Kindle

Las actualizaciones con mayor peso específico en un eBook son precisamente las que hacen referencia a los metadatos importantes.

Entran en esta categoría:

- El título
- La portada
- El precio
- La descripción
- Las opiniones de los lectores
- Las re-ediciones
- Los territorios de venta
- Otros (links exteriores, entradas en blogs, campañas de publicidad online, etc...)

Por tanto serán estos metadatos con los que tengamos que jugar a lo largo del tiempo para tener nuestro producto bien actualizado.

Las modas cambian y las formas de leer, de hacer la maquetación de los libros y otros muchos aspectos de un eBook son susceptibles de cambiar con el tiempo. Si dejamos un eBook sin tocar nunca más, tendremos enormes posibilidades de caer en todas las listas que se incluyen en Kindle, incluidas por supuesto las de más vendidos.

Hay muchas formas de mantener vivo nuestro eBook.

Cambiar la portada del mismo es muy llamativo, pero Kindle permite hacerlo y debemos aprovechar esta posibilidad siempre que la necesitemos (véase Capítulo Segundo, apartado Portada).

El título es algo más complicado de cambiar. En un libro de No-ficción será mucho más aceptable que en uno de ficción.

Aunque creas que tu libro está perfecto y no hay nada que cambiar, siempre puedes variar un poco la descripción, o el precio, pequeñas variaciones que harán que tu eBook se mantenga "con vida".

Sacando provecho de las Novedades

Una de las formas más rentables de actualizar un eBook en Kindle es ir haciendo pequeños cambios en el texto, en forma de mejoras, y al publicar en KDP modificar la fecha de edición, es decir, actualizarla.

El sistema KDP permite hacer esto: simplemente entra en tu libro en KDP y junto a la casilla del Idioma del libro hay una opción bajo el título "Fecha de publicación (opcional)". Aquí actualizas la fecha al día correspondiente y publicas.

Al hacer esto, tu eBook podrá automáticamente entrar en las listas de Novedades de las categorías correspondientes. Con ello obtendrás mucha más exposición y en consecuencia mayor número de lectores y mayores ventas.

Este tema de las novedades es delicado. No abuses de su uso puesto que si lo haces puedes ser vetado en KDP. Utiliza las actualizaciones de forma honesta, cuando realmente correspondan a cambios reales o re-ediciones.

Cuando realizas un cambio de este tipo, tu eBook estará en las novedades de la categoría durante un período de unas dos semanas.

Libros Sonda

Los libros sonda son un tipo de libros que se ponen a la venta en Kindle con el propósito de recabar información. Son una especie de libros-test y su utilidad en un sistema tan complejo como Kindle es vital.

La utilización de libros sonda es realmente eficaz cuando el libro-sonda es un libro real. De nada sirve hacer un panfleto y pretender utilizar "eso" para recabar información puesto que será rápidamente localizado y expulsado del sistema.

Los buenos libros sonda son reales; son aquellos libros, escritos, relatos o manuales que algunos escritores tienen guardados en un cajón, pues no ven en ellos posibilidades reales de venta. Estos son los perfectos libros-sonda, pues aunque no suelen tener muchos lectores, nos permiten realizar multitud de cambios en ellos y medir y comparar resultados.

Un libro sonda es de gran utilidad para:

- Testear y establecer precios.
- Determinar potencialidades de venta en un género determinado.
- Probar las promociones gratuitas.
- Comprobar preferencias del público en los diseños de portada y título.
- Comprobar la eficacia de nuestra descripción.
- Información sobre opiniones y ratios de opinión.

• Un larguísimo etc...

Los libros sonda nos permiten medir y comparar los resultados de nuestras propias acciones de Marketing en Kindle. Ver qué funciona, qué no funciona y tratar de descubrir por qué.
Dicho esto podemos ver que, en realidad, todos los libros son libros sonda.
A algunos les damos mayor intensidad en cuanto a actualizaciones y cambios, pero todos ellos deben ser calibrados y testados para obtener la combinación ideal de los elementos que conforman el KAMS.

Fragmentación y Serialización
La fragmentación y la serialización son fórmulas muy válidas para trabajar con libros sonda.

Fragmentación significa separar en varios trozos una obra mayor. Por ejemplo, un libro de historias de amor podría fragmentarse en historias individuales, publicándolas a un precio mucho menor.
Esto nos permite crear un libro sonda magnífico en el territorio (género, nicho) en el que ya nos encontramos. Son fragmentos de lo mismo y por tanto podemos hacer uso de ellos para, por ejemplo, captar a muchos lectores ofreciéndolos a un bajo precio. Aquellos lectores satisfechos podrán comprar la obra completa si así lo desean.
Con este tipo de libros sonda tendremos gran libertad de movimientos para hacer las pruebas que nos parezcan apropiadas, medir resultados y sacar conclusiones. Por poner sólo un ejemplo: Si vemos que la portada de libro sonda, con el fondo rojo vende más que la de fondo azul, podremos aplicar esto a la obra mayor y cambiarle el color de la portada a rojo, mejorando así su ratio de venta, exposición y beneficio.

La serialización se utiliza mucho para fidelizar a los lectores en Kindle.
Sacamos un título a un precio muy bajo, muchas veces gratuito, para captar lectores. Este título es en realidad la primera de una serie de partes que vendrán a continuación a un precio normal.

La serialización bien hecha es una fórmula en la que todos ganan:

• Si te gusta el primer eBook, puedes comprar los siguientes a un precio razonable, y te has ahorrado el dinero del primer libro.
• Si no te gusta, muy poco o nada te ha costado.
• El autor recibirá comentarios e información de su obra y captará a nuevos lectores, fieles, que gastarán su dinero comprando sus libros.

Tempo & Timing en Kindle
Cuando trabajamos con un sistema, o conjunto de sistemas informáticos, como es Kindle, tendemos a pensar que los resultados deben ser perceptibles y medibles al momento. En Kindle esto no es así de ningún modo.
Kindle tiene su propio ritmo, su propio tempo. Las razones por lo que esto es así son muy diversas y complejas y, en cualquier caso, nosotros nada podemos hacer en ese sentido. Lo que debe importarnos es conocer que Kindle tiene su

propio tempo y respetarlo.

Hay cambios y actualizaciones que son visibles al momento. Por ejemplo, cuando cambiamos una descripción en AuthorCentral, y a pesar de que puede haber retrasos, lo cierto es que dicha descripción está online a los pocos minutos o a las pocas horas.

Aunque pensemos que ya está online, eso es sólo una parte del proceso. Después deberán actuar los robots de Kindle y de Amazon para situar el eBook en las listas de categorías, más vendidos, territorios, etc...

El sistema además deberá procesar precios, promociones si las hay y todo lo demás.

Estos procesos llevan tiempo, algunos horas, algunos días y algunos semanas. Por tanto, a la hora de poner en marcha nuestra estrategia KAMS para nuestro producto, debemos dar plazos de tiempo. El tempo de Kindle pese a ser rápido en algunos aspectos, es lento en otros.

KAMS considera el tempo de Kindle está entre las 2 y las 4 semanas. Tengamos esto en cuenta a la hora de medir resultados, de cambiar elementos (palabras clave, descripciones etc..) pues si no lo tenemos en cuenta nos podemos encontrar cambiando cosas en un círculo vicioso del que nunca podremos sacar conclusiones. Si por ejemplo cambias las palabras clave de tu eBook, dale una par de semanas de tiempo (quizás algo más, 4) hasta que puedas ver los resultados en las diferentes listas de categorías. Los resultados de búsqueda por términos directos son más rápidos, pero también hay que darles tiempo para sacar el máximo rendimiento y ver hasta dónde son capaces de llegar.

El timing se refiere a aspectos de venta. Debemos estudiar los días y los horarios de mayor volumen de ventas para nuestros eBooks. Esto sólo puede hacerse utilizando los libros sonda comentados antes y trabajando con un registro diario de las ventas.

No es lo mismo poner una promoción gratuita en los días que más vendes que hacerlo cuando nadie compra tu libro.

Ejemplo: Si has detectado que tus libros se venden más los martes, y no se vende casi nada los lunes, la estrategia debería ser una promoción gratuita el lunes puesto que de esta forma consigues una difusión de tu libro que de otra forma no se produciría. Si pones promoción gratuita el martes, estarás regalando tu eBook a gente que probablemente, hubiera pagado por él.

Todas estas técnicas de actualización son importantes. Debemos conocerlas para decidir en cada momento qué es lo que más nos conviene, debemos tener los recursos necesarios para saber cuándo nuestro eBook necesita una revisión y en qué parte del "Organismo" la necesita.

Pequeños ajustes, grandes cambios, que harán que nuestra obra se mantenga viva y nuestras ventas aumenten y se estabilicen en el tiempo.

CAPITULO UNDECIMO

Política De Precios

Importancia del precio de un eBook
Como en cualquier actividad comercial el precio es un punto clave a tener muy en cuenta. Los precios de los eBooks se rigen de la misma forma, por la ley de la oferta y de la demanda, y deberemos tener presentes estos aspectos a la hora de poner precio a nuestro eBook.
En primer lugar debemos tener claros cuáles son nuestros objetivos estratégicos respecto a nuestro eBook (difusión, beneficios etc...), y a partir de aquí podemos comenzar a aplicar el mejor precio que se adecue al eBook.
No es lo mismo comenzar con un batallón de seguidores que comenzar de cero, y los precios no serán iguales en ambos casos.

En concreto:

- **Qué esperamos conseguir con el precio de nuestro eBook.**
Difusión o Beneficio. En caso de buscar difusión el precio debe ser lo más bajo posible, pero sin llegar al descrédito. Un precio bajo reduce las barrera del lector y facilita su compra y su difusión. Los bajos precios permiten que mucha gente "pruebe" nuestro producto y podamos ir forjando una cantidad de lectores fieles. Por otro lado un precio bajo puede dar percepción de baja calidad y esto puede hacer que nuestro eBook no se venda.
Para conseguir beneficio deberemos poner un precio adecuado pero no demasiado bajo.
- **¿Somos autores noveles y /o desconocidos?**
Si somos desconocidos una forma de conseguir difusión es utilizar un bajo precio al principio e ir aumentándolo en función de las ventas y del éxito de nuestro eBook. A mayor exposición mayor puede ser el precio (dentro de unos límites).
- **En qué géneros o nichos colocaremos nuestro eBook.**
Como hemos comentado antes, los libros de ficción suelen tener precios inferiores a los de no ficción. Las razones son múltiples, pero teniendo esto en cuenta, pondremos un precio que esté en la horquilla adecuada a nuestro género o a nuestra categoría.
- **Con quién estamos compitiendo.**
Los precios de nuestra competencia directa nos dirán mucho acerca de la horquilla de precios en la que nos podemos mover. Salirse de ella es peligroso. Dichos precios están donde están por algo, no son precios al azar (algunos sí, pero son los menos). Por tanto, tomemos ventaja de la experiencia de nuestros competidores y dejemos los inventos raros para quienes no quieren vender eBooks.
- **Cuál es el tamaño del mercado para nuestro eBook en Kindle.**
Esta es otra consideración importante. Si el mercado está copado nuestro precio deberá ser ajustado para poder competir. Si nuestro eBook es único o

trata temas de interés para los lectores y la competencia es baja podremos subir nuestro precio sin comprometer las ventas.

Valor y precio

En este punto tenemos que hacer obligatoriamente la distinción entre valor y precio. No son lo mismo pese a que muchos autores no perciben las importantes diferencias entre ellos.

El valor de un eBook es el beneficio que obtiene el lector al leer el libro. Puede ser un beneficio en forma de adquirir una habilidad (p.ej. aprender jardinería) o simplemente en forma de placer ante su lectura (p.ej. la placentera experiencia de atemorizarse al leer una buena obra de terror).

Por tanto, el valor es beneficio. Este beneficio depende sólo del lector y varía con cada uno de ellos. Para alguien a quien no le gustan las plantas, un libro de jardinería tiene un valor cero. Sin embargo para un jardinero, un buen manual de jardinería puede llegar a tener un valor muy alto.

El precio de un eBook es lo que cuesta comprarlo. El precio depende, no sólo del lector (que paga un dinero por comprar) sino también del autor, editorial, o tienda (que son quienes fijan el precio de venta). Para que haya una venta deberá haber un acuerdo en el precio, de lo contrario la venta no se realizará pues el lector no comprará si no quiere comprar a ese precio.

Resumiendo: en el precio debe haber acuerdo por las dos partes, en el valor no.

Nosotros como autores debemos apreciar estas diferencias a la hora de comercializar nuestras obras. Teniendo siempre presentes nuestros objetivos, pondremos precios que podrán variar en función de las circunstancias que nos ocupan en cada momento. El valor percibido por el lector es clave a la hora de poner un precio, y dicho valor percibido varía notablemente con las circunstancias del mercado (los puntos del apartado anterior).

Tu eBook puede tener un valor inmenso y, en circunstancias especiales de mercado, su precio puede tener que ser realmente bajo si quieres venderlo.

Precios psicológicos

El arte de poner precio a un producto tiene mucho que ver con la psicología humana. No en vano, son personas las que compran los libros.

Según algunos expertos como el americano Ted Nicholas el precio de un producto, en cifras, determina el volumen de ventas potencial. Además hay cifras que animan a comprar mientras que otras provocan rechazo. Son los precios psicológicos, y según Nicholas éstos siempre acaban en 99 o en 7.

Ante la duda procura utilizar siempre los precios psicológicos, teniendo en cuenta que el precio que pones en la casilla de precio de la hoja de publicación corresponde al precio neto (sin impuestos) en amazon.es y otros. Cuando pongas tu precio en amazon.es acuérdate de restar el valor de los impuestos para que, una vez en la tienda, aparezca el precio psicológico que tú has determinado.

En amazon.com el precio de la casilla es el que corresponde al de venta al público en la tienda (impuestos incluidos).

Por poner un ejemplo para que veamos la importancia de los precios psicológicos: En caso de querer vender nuestros libros en la tienda de Apple, éstos sólo serán aceptados si su precio acaba en ",99".

Veamos ahora los precios psicológicos más comúnmente aceptados en el mercado de eBooks:

- 0,99 euros / dólares
- 1,47 euros / dólares
- 1,49 euros / dólares
- 1,99 euros / dólares
- 2,05 euros / dólares
- 2,99 euros / dólares
- 3,05 euros / dólares
- 3,99 euros / dólares
- 4,99 euros / dólares
- 6,77 euros / dólares
- 9,99 euros / dólares

***Nota: Los precio superiores a 9,99 no admiten la opción de royalties del 70%

Punto a tener muy en cuenta: ¡El precio psicológico no depende de la moneda!

Esto es importantísimo. Si tenemos nuestro eBook a la venta en amazon.com y amazon.es, deberemos procurar que el precio sea el mismo, es decir, no haremos el cambio de divisa sino que pondremos el eBook al mismo precio psicológico; en este caso 2,99 dólares en amazon.com y 2,99 euros en amazon.es . De esta forma, aunque perdamos algo de beneficio en amazon.com, pues 2,99 dólares son bastante menos que 2,99 euros, la homogeneidad del precio y el factor psicológico hará que se contrarresten estas diferencias, además de hacer el proceso de poner todos los precios más fácil para el autor, sobretodo al realizar el trabajo de test que veremos a continuación.
La otra opción es que Kindle realice el cambio de divisas correspondiente (en la página de precio podemos clickar en el checkbox con esta opción), pero sin embargo perderemos el poder de los precios psicológicos, cosa no muy aconsejable a efectos del marketing de nuestro eBook.

Testing de precios
Cómo realizar un test de precios.
Para realizar un test de precios y llegar al que mayores beneficios nos proporcione (o mayor difusión, según sean nuestros objetivos), tenemos primero que asegurarnos de que los lectores ven nuestro libro. Si no hemos hecho bien todo el trabajo anterior de KAMS de nada servirá probar los distintos precios, pues nadie verá nuestro producto y de esta forma será imposible medir ningún resultado. Por tanto hagamos un buen trabajo de los elementos de posicionamiento antes de empezar a testear precios.

Una vez tenemos nuestro eBook bien posicionado podemos empezar a probar.

Seguiremos entonces las siguientes pautas:

• Definamos un precio base de test. Este será o bien bajo o bien alto, de nuevo según nuestros objetivos y el valor asignado por nosotros a priori a nuestro eBook.
• Una vez puesto el precio, tenemos que hacer un seguimiento de las ventas diario, apuntando las ventas que hemos conseguido cada día en una hoja de cálculo. Durante 2 o 3 semanas llevaremos a cabo este control. Para evitar distorsiones (causadas por las diferentes zonas horarias) realizaremos la medición consultando los informes de ventas de KDP cada día a la misma hora.
• A continuación modificaremos el precio pasando de un precio psicológico a otro más bajo (o más alto) y realizaremos de nuevo el mismo control durante 2 o 3 semanas más. Recordemos el Tempo de Kindle, nada es inmediato, tenemos que darle tiempo a los lectores para que nos encuentren y que juzguen nuestro precio.
• La tercera fase se realiza del mismo modo, bajando (o subiendo) el precio al siguiente nivel psicológico y llevando a cabo un control de las ventas, durante 2 ó 3 semanas más.

Podemos preguntarnos si es mejor dos o tres semanas. Todo depende de las ventas que tengas. Si tienes un buen volumen de ventas 2 semanas son suficientes, si no es el caso, deberemos esperar 3 semanas (incluso 4) para tener unos datos más fiables.
• El siguiente punto es trabajar con los precios en la hoja de cálculo, de forma que podamos tener las columnas de precios de ventas y de beneficio obtenido en función del precio.

Veamos un **ejemplo**:
Hemos puesto a la venta una novela titulada "El fantasma enamorado". Es una novela romántica con bastante competencia así que comenzaremos con un precio bajo para hacer el test: 0.99 euros. A las tres semanas modificamos el precio subiéndolo a 2.99 euros, y a las tres semanas más lo ponemos a 4.99 euros.
Una vez pasadas las tres fases de precio los resultados son los siguientes:

Precio	Unidades vendidas	Beneficio (bruto)
0.99	45	15,6 euros
2.99	21	43,9 euros
4.99	17	59,80 euros

¿Qué conclusiones podemos sacar de estos datos?
Dependiendo de nuestro objetivos, ya tenemos los datos para operar.
Si queremos darnos a conocer consiguiendo gran exposición está claro que la

primera opción es la buena pues aunque el beneficio es muy bajo, la difusión, el número de lectores que se descargan nuestro eBook es el doble que a 2.99 euros y casi tres veces la difusión que obtenemos a 4.99 euros. Si por el contrario queremos obtener la máxima rentabilidad optaremos por el tercer precio, 4,99 euros, pues la difusión es muy parecida a la segunda opción (17 descargas frente a 21) pero el rendimiento es mayor. Los beneficios a 4,99 euros son 4 veces superiores a los de la primera opción con el precio de venta de 0,99 euros.

Como vemos, las implicaciones del precio que ponemos nuestro eBook son importantes.

Precios Internacionales

Kindle permite vender en muchos territorios y países de nuestro planeta. Esto sin duda es una gran ventaja para el autor. Podemos dirigirnos a todos los mercados que consideremos importantes, y testear también otros mercados que no conocemos.

En la página de publicación de precios de KDP están las opciones pertinentes para determinar en qué territorios queremos vender nuestra obra. Si la obra es nuestra y tenemos todos los derechos sobre ella (no los hemos vendido a alguna editorial o agente literario) es aconsejable vender en todos ellos. Así podemos ver en qué territorios se vende más y acondicionar a ello gran parte del esfuerzo de nuestro marketing.

Una de las ventajas de escribir en idioma castellano es la gran cantidad de personas en el planeta que lo hablan, lo cual supone un mercado amplio y distribuido por los cinco continentes. En principio los mejores mercados para estas obras en castellano son:
• España.
• EEUU (hay mucha población hispana que lee asiduamente).
• Latinoamérica (se lee menos que en EEUU, pero hay elevada población).

Personas que hablan español y que necesitan obras en español para leer las hay por todo el mundo, de forma que tengamos esto en cuenta y distribuyamos nuestro trabajo si es posible a todos ellos.
A no ser que tengamos razones de peso para no hacerlo (derechos y demás) clicaremos en la opción "Todos los territorios" de la hoja de publicación de nuestro eBook en KDP.

¿Cuál es el mejor precio para mi eBook?

Como hemos visto antes, en el apartado de testing, el mejor precio para nuestro eBook es aquel con el que nos acercamos más a nuestros objetivos.
A nivel internacional esto puede hacerse de la misma manera pero separando los datos en tantas regiones como queramos estudiar.
Al principio es mejor utilizar unas mediciones globales, tener unos datos generales que incluyan todas las ventas en todos los territorios. Más adelante podemos ir desgranando cada territorio y ver qué precios se ajustan mejor a sus mercados. Tengamos en cuenta también los precios psicológicos. En un escenario ideal, con trabajo y dedicación, deberíamos saber qué precio

psicológico le corresponde a cada territorio y aplicarlo así en al hoja de publicación de precios de nuestro eBook en KDP.

CAPITULO DUODECIMO

KDP Select, Promociones Gratuitas, Prime y KOLL

En un intento por ofrecer un buen servicio y también para fidelizar a sus autores, Amazon ha desarrollado una herramienta en forma de paquete de marketing de autor muy potente pero que tiene sus peculiaridades.

El nombre de esta herramienta es KDP Select.

Amazon quiere que tú como autor de eBooks, vendas éstos en Kindle y en ningún sitio más. Esto es lógico desde su punto de vista pero parece cercenar las posibilidades de venta de los autores, de forma que debían ofrecer algo más para que los autores se decidieran por este sistema. Y así lo hicieron.

La filosofía es la siguiente: si eres autor de Kindle, puedes beneficiarte de un paquete de marketing tremendamente potente, pero para ello debes tener tu eBook a la venta sólo en Kindle. Se refiere aquí sólo a la edición electrónica de tu libro (eBook), y no a la física (papel).

Y ¿qué me ofrece Kindle a cambio?

El paquete de marketing KDP Select.

Y eso ¿qué significa?

Si entras en el **programa KDP Select**, se te ofrece:

- La posibilidad de entrar en el KOLL.
- La posibilidad de realizar campañas de promoción gratuitas.
- El control sobre tus precios.
- Un ranking superior en los listados tanto de categorías como en las búsquedas por palabras clave.

Veamos cada una de ellas.

KOLL

Amazon ofrece a sus clientes la posibilidad de contratar el servicio Prime («Premium» en amazon.es). Por una cuota anual y a un precio bastante ajustado, el cliente puede beneficiarse del estatus Prime. Esto implica descuentos en muchos artículos y ventajas en cuanto al precio del transporte de los pedidos.

Entre las ventajas de pertenecer a Prime, está la de poder hacer uso del Kindle Owners' Lending Library (KOLL). Con este sistema el cliente puede leer de forma totalmente gratuita, cualquier eBook cuyo autor lo haya inscrito en KDP Select.

Amazon destina una cantidad variable de dinero a un fondo, que distribuye las cantidades entre los libros descargados de KOLL. Así, aunque no existe una cantidad fija por libro, los autores se benefician de este fondo en función del interés que despierte su eBook entre los clientes de KOLL.

Según afirman los responsables de Amazon, los autores cuyos eBooks están en KDP Select obtienen unas ventas superiores en un 33% a los que no están en KDP.
Sin duda inscribir nuestro eBook en KDP nos ofrece una mayor exposición lo que se traduce en mayor cantidad de ventas.
Aunque en España no está disponible el KOLL, sin duda tarde o temprano lo estará. Mientras tanto haremos bien en inscribir nuestro eBook en KDP Select y beneficiarnos de su exposición en amazon.com.
Para ello basta con entrar en KDP y clicar en "Inscribir" en la parte derecha del título que queremos inscribir.

IMPORTANTE: Asegúrate de que tu eBook no está disponible en ninguna otra plataforma digital de venta de eBooks. Si no es así, los robots de Amazon lo detectarán y tu libro será expulsado del sistema KDP Select.

Días de promoción a precio cero.
Una vez tenemos inscrito nuestro eBook en KDP Select podemos realizar promociones gratuitas. Esto significa que nuestro libro se podrá descargar a coste cero.
Entramos en KDP y seleccionamos la casilla situada a la izquierda del título de nuestro eBook. Con el menú de "Acciones" situado en la parte superior, seleccionamos "Gestionar Promociones" y seguimos las instrucciones. Podemos escoger las fechas de inicio y de final de la promoción gratuita de nuestro eBook y darle un nombre. El límite para las promociones gratuitas está en 5 días al mes.
En cuanto tengamos esto configurado veremos que el sistema nos dice "Promoción Programada" lo que quiere decir que comenzará el día por nosotros determinado para empezar, y finalizará el día que pongamos como último día de la campaña.

Así pues el primer día de la promoción, al visitar nuestra página de producto, podremos ver que el precio está tachado y que aparece un precio de 0,00 en la parte inferior y en color rojo. Todos los clientes tienen entonces la posibilidad de descargarse nuestro eBook de forma gratuita.

Ventajas de este tipo de promociones:

- Exposición mucho mayor pues el eBook aparece en las listas de gratuitos de las categorías correspondientes.
- Si el volumen de descargas es muy alto, podremos entrar en las listas de más vendidos generales lo que nos procurará una difusión todavía mayor para nuestra obra.
- Mayor facilidad de obtener opiniones de los lectores. Con un volumen mucho mayor como consecuencia de ser gratis, muchas más personas leerán nuestro eBook y quizás algunas de ellas pongan su opinión en la página del producto. Esto es una ayuda estimable pues como hemos visto antes el ratio de ventas/opiniones es muy bajo, por lo que cuantos más lectores descarguen nuestro eBook mayor será la probabilidad de obtener opiniones y todo lo que ello implica en cuanto al posicionamiento de nuestro

eBook en Kindle.

Precios sin descuento.
Un aspecto a tener muy en cuenta cuando tenemos nuestro eBook distribuido para su venta en varias plataformas además de en Kindle, es el del precio.
Vamos a ver algunos aspectos importantes con un ejemplo de forma que quede más claro.
Supongamos que tenemos nuestro eBook "Jardinería Cantando" en varias plataformas de venta de eBooks. En todas las plataformas tenemos puesto el mismo precio: 3,99 euros. Hasta aquí todo parece ir bien pero un buen día vamos a nuestra página de producto en la tienda Kindle y vemos que el precio 3,99 está tachado y que debajo de éste aparece un precio reducido de 2,49. ¿Qué ha pasado?
Como hemos comentado anteriormente los robots de Amazon están continuamente trabajando en busca de los productos de su catálogo que están también en otras tiendas. Lo más importante es localizar cada eBook junto con sus precios.

Si en algún momento detectan que nuestro eBook está en otra tienda suceden 2 cosas:

1. Se comprobará si tu eBook en Kindle está a un precio igual o menor que el de la otra tienda. Si es menor en la otra tienda, Kindle automáticamente bajará el precio de tu eBook en Kindle para mejorar el de su competencia. Todo esto sin que tú puedas hacer nada. Muchas tiendas digitales te dejan poner un precio pero después ellos hacen promociones y ofertas de las que el autor no se entera. Esto es debido a que muchos autores aceptan los contratos con la plataforma de venta sin leerse las condiciones. Por tanto, tu eBook se estará vendiendo a un precio que no has fijado tú. Esto perjudica enormemente tu política de precios, dejándote fuera de ella por completo.
2. Se comprobará si tu eBook está inscrito en KDP Select. Si es así saltará una alarma que tendrá como consecuencia que recibirás un email de Amazon informándote de que si en unos días no has retirado tu eBook de cualquier otra plataforma, será expulsado de KDP Select. Así perderás toda opción de realizar promociones gratuitas, de tener la difusión y exposición que KDP te proporciona.

Por tanto, tengamos cuidado con esto. Lo que puede parecer a priori una ventaja (estar en muchas tiendas) puede resultar en una gran desventaja final. Esta es una de las razones por las cuales, al principio KAMS desaconseja totalmente distribuir nuestro eBook fuera de Amazon Kindle.

• Si además de tener un precio más bajo en otra tienda de eBooks, tu libro está inscrito en KDP Select el resultado será un desastre, puesto que no sólo no controlarás tus precios ni podrás testearlos en el mercado Kindle, sino que además tu libro será expulsado de KDP Select y perderás exposición y ventas.

Como hemos visto en esta última parte, la estrategia de KAMS se basa en conseguir el éxito primero en Kindle, que es el mercado más importante del mundo en cuanto a eBooks se refiere. Una vez conseguido tal éxito podremos plantearnos otras opciones tales como vender en otras plataformas o firmar con editoriales importantes. Primero Kindle, después todo lo demás.

Pretender hacerlo todo de golpe tiene el riesgo de fracasar en todos los mercados, sobretodo si somos autores poco conocidos y sin una base de lectores detrás. Se puede aplicar aquí la paremia «Quien mucho abarca... poco aprieta».

CAPITULO DECIMOTERCERO

Ranking y Ventas
¿Se Venden Todos Los Libros Por Igual?
Qué Esperar De Las Ventas De Tu eBook

Todo autor, ya sea de ficción o de no ficción se inscribe en KDP para vender sus libros y por tanto necesita de unas referencias. Necesita saber qué puede esperar de las ventas de sus eBooks.

¿Cuántos libros voy a vender? ¿En cuánto tiempo? ¿Estoy vendiendo todo lo que podría vender? Y mi competencia ¿vende más que yo? ¿Se vende igual en todas las categorías y tipos de libros?
Todas estas cuestiones y algunas más son las típicas que un autor que comienza en Kindle se pregunta a menudo, y muchas veces lo único que obtiene como respuesta es la frustración de ver como otros libros aparecen en las listas de más vendidos mientras que el suyo permanece oculto.
De alguna forma debemos conseguir establecer unas referencias exteriores para poder comparar y medir los resultados que vayamos obteniendo de nuestra implantación del KAMS.

Una de las herramientas más útiles que nos proporciona Amazon al respecto es el ranking de ventas de cada producto. Aparte de los listados numerados por categoría, Amazon ofrece un número de ranking del producto. Este número puede verse en los detalles del producto donde dice "Ranking de los más vendidos de Amazon"

¿Qué es el número de ranking?
Esta cifra ofrece información acerca de la posición que ocupa tu eBook dentro del conjunto total de libros disponibles en el catálogo de Amazon y de Kindle.
Cada ranking en la página de producto se refiere exclusivamente a la plataforma donde está dicho producto. Esto quiere decir que si miramos nuestro producto en amazon.com, el ranking que se nos ofrece es el relativo a todos los libros vendidos en Kindle relativos a amazon.com, mientras que si miramos la página de producto en amazon.es se nos informará del ranking que ocupa nuestro eBook en relación a los vendidos en Kindle sólo en amazon.es.
Amazon no facilita el número de ventas asociadas al número de ranking, sin embargo podemos sacar muchas conclusiones de esta información.

Categorías y competencia.
Uno de los aspectos más útiles del ranking de más vendidos por producto tiene que ver con la comparación respecto a la competencia y también a la categorización de nuestro eBook.
Mediante el número de ranking que ocupan diversos libros podemos obtener información valiosa de cómo se comporta cada categoría.

Para ello dedicaremos un tiempo a estudiar las diversas categorías en las que nuestro eBook puede encajar.

Procedamos pues de la siguiente forma:

Una vez seleccionadas las 5 categorías que mejor se adecuan a nuestro producto, procederemos a seleccionar los 5 primeros títulos más vendidos de cada una de las categorías.

De estos títulos anotaremos su Ranking general de ventas y sacaremos la media, entonces los compararemos uno a uno con todas las 4 categorías restantes. Una vez finalizado este estudio debemos tener claro cuál es la categoría que más libros vende, cuál es la segunda, la tercera etc...

También anotaremos la cantidad de títulos que alberga dicha categoría (la cifra entre paréntesis que acompaña a cada subcategoría en la tienda Kindle).

Si no sabes como mirar esta cifra: elige "eBooks Kindle" en este listado (sólo accesible desde la version ebook) y depués clica en cualquier categoría dentro del menú "Por Género", situado en la parte izquierda de la página: Ya tienes las cifras visibles.

A continuación determinaremos el ratio: Número de competidores/ Ventas.

Cuanto mayor sea este ratio, mayor debe ser nuestro interés en colocar nuestro eBook en dicha categoría.

Pongamos un ejemplo práctico para que se entienda mejor:

Libro: "JARDINERIA CANTANDO"

Categorías a analizar: Jardinería, Canto, Consulta; Naturaleza; Hogar (estas categorías son inventadas para el ejemplo).

Para calcular la media del ranking, sumamos los rankings de cada uno de los 5 primeros eBooks en dicha categoría y lo dividimos por 5.

Ranking de ventas de los más vendidos en:
Jardinería: media de 5.000
Canto: media de 125.000
Consulta: media de 23000
Naturaleza: media de 3400
Hogar: media de 3400

Categoría>	Jardinería	Canto	Consulta	Naturaleza	Hogar
Títulos publicados	3400	3400	4000	12000	45000
Media del Ranking	5.000	125.000	23000	3400	2300
Ratio	**0,68**	**0,03**	**0,17**	**3,52**	**19,5**

Esto es una tabla de ejemplo. Los datos no son reales, se han ajustado para diferenciar claramente los distintos resultados que pueden obtenerse.

En principio el orden de interés para nuestro eBook corresponde al ratio más alto; en este ejemplo significa que nuestro orden de preferencia a la hora de categorizar nuestro eBook sería:

• Primero en Hogar -19,5- (aunque es el que más competencia tiene,

también es la categoría que, de media, más títulos vende).
• Segundo en Naturaleza -3,52-
• Tercero en Jardinería -0,68-
• Cuarto en Consulta -0,17-
• Quinto en Canto -0,03-

De esta forma podemos ver cuál es la categoría que más nos interesa para nuestro eBook. De nuevo esto dependerá de nuestros objetivos. Si lo que pretendemos es vender eBooks lo ideal es colocarlos en las categorías que más venden. Y esta es una buena forma de averiguarlo.

Por supuesto, habrá situaciones en las que debamos tener en cuenta otras consideraciones. Una buena política será entonces escoger una categoría que consideremos imprescindible (por las razones que sean) y la otra escogerla con el criterio establecido por el ratio de ventas. Y, con el tiempo, ir estudiando los resultados procedentes de cada categoría, e ir ajustando el eBook en función de éstos.

Este método que acabamos de explicar funciona realmente bien, pero no es infalible. Podrían darse muchas circunstancias (por. ejemplo la aparición de un best-seller) que distorsionen la media real de dicha categoría. esto lo podemos ver si existe una enorme diferencia entre el ranking del primer título de una categoría dada y los 4 siguientes.

No obstante, es un buen método para empezar e ir acotando y optimizando las posibilidades de nuestro eBook en las distintas categorías de Kindle.

Tengámoslo en cuenta y apliquemos siempre el sentido común.

Obviamente debes colocar tu libro en las categorías que le correspondan. No serviría de nada colocar un libro en una categoría fantástica, que vende muchísimo, si tu libro no pertenece a ella. Nadie va a comprar un libro de Jardinería si lo que quiere es leer una novela.

CUARTA PARTE

PASO A PASO: PONIENDO TU eBook A PUNTO PARA LA VENTA

CAPITULO DECIMOCUARTO

KAMS
Cuadro De Acciones Paso a Paso

Aunque en esta guía he intentado simplificar al máximo todo el proceso, el Marketing en Kindle es complejo y puede producir cierto pánico entre los no inciados.
En realidad los pasos y las tareas necesarias para dejar tu eBook a punto para su venta en Kindle no necesitan de unas grandes habilidades ni de una pericia especial, sin embargo sí que requieren una dedicación intensiva y pueden suponer cierta carga de trabajo.
Teniendo esto en cuenta sirva este capítulo para resumir en un cuadro de acciones los pasos a seguir para implementar el método KAMS. El propósito es el de conseguir, con un simple vistazo, una visión de conjunto de los distintos elementos de Marketing en Kindle aplicables a nuestro producto.

- Kindle Author Marketing System -

Paso 1
• Escribe tu libro. Escribe el mejor libro de que seas capaz.

Paso 2
• Formatéalo adecuadamente. Piensa en el lector. Facilítale la tarea. Contrata a un profesional si es necesario.

Paso 3
• Inventa un gran título, que llame la atención.

Paso 4
• Diseña una portada espectacular (contrata a un profesional si es necesario).

Paso 5
• Investiga y elige las 15-20 palabras clave asociadas a tu eBook. Utiliza los metadatos para posicionarlo.

Paso 6
• Compón una descripción adecuada de tu eBook, que invite a su compra, incluyendo palabras clave.
Utiliza HTML con imágenes si lo consideras necesario.

Paso 7
• Inscribe tu eBook en KDP Select. Asegúrate de que tu eBook no está a la

venta en ninguna otra plataforma de venta de libros en formato digital.

Paso 8
• Investiga y Categoriza después adecuadamente el eBook

Paso 9
• Publica tu libro en KDP.

Paso10
• Ponle el precio adecuado de salida a tu eBook. Testea los precios durante algunas semanas.

Paso 11
• Promociona tu eBook utilizando las promociones gratuitas.

Paso 12
• Mantén tu eBook "vivo". Planifica un calendario de mantenimiento de tu eBook. Controlando, comparando y midiendo resultados.

Paso 13
• Repite el proceso desde el *Paso 1* para cada libro que publiques en Amazon KDP.

QUINTA PARTE

CONSIDERACIONES ADICIONALES

CONSIDERACIONES ADICIONALES

El Trabajo Del Escritor De éxito
¿Necesitas Ayuda Editorial?
Algunos Links De Interés

Filosofía de autor. ¿Qué tienen en común los escritores de éxito ?
A diferencia de lo que se pudiera pensar, los escritores de éxito, aquellos cuyas obras se venden bien y que consiguen crear una pléyade de lectores fieles, no son siempre aquellos que tienen más talento.

Hace unos meses, en una cena de amigos me presentaron a un editor perteneciente a una editorial importante y multinacional. No tardamos en hacer buenas migas y él se interesó mucho por mi trabajo en Iberdynamics y por el proyecto que estamos desarrollando.

Le comenté que , en realidad, nosotros somos una editorial como las tradicionales, que buscamos continuamente nuevos talentos y que la única diferencia estaba en que nosotros no trabajamos con libros de papel si no que lo hacemos con libros digitales.

Aprovechando la confianza que este editor mostraba y el ambiente relajado y distendido de la cena me atreví a hacerle la pregunta del millón:

-¿Cómo sabéis cuándo estáis ante un escritor de talento? ¿Cómo sabéis si un autor va a tener éxito?

Su respuesta fue bastante contundente

-No los sabemos. Nunca lo sabemos. De hecho, la mayoría de las veces nos equivocamos y perdemos mucho dinero con los autores, es sólo que los que tienen éxito de verdad nos compensan por las pérdidas provocadas por los que no lo tienen.

Yo insistí un poco, no quería dejar pasar la oportunidad sin conseguir algo más de información.

-Pero, algo tendrán en común los autores buenos, los de mayor talento, los que más venden.

El editor me miró y dijo:

-No son los de mayor talento los que triunfan, ni tampoco los que más venden. Pero, sí, hay algo que tienen en común los autores de éxito, y no tiene nada que ver con el talento. Personalmente tengo comprobado que los autores que más libros venden a lo largo del tiempo son aquellos que:

1. Tienen la actitud. Una actitud positiva. Se lo creen. Creen en su éxito sin dudar y son capaces de convencerte de ello.
2. Son muy perseverantes en su trabajo.
3. Saben entender el significado de la palabra Marketing y lo que ello implica.

Por lo demás no hay mayor diferencia entre unos y otros -continuó-. Puedo asegurate que en nuestra editorial tenemos escritores de gran talento que no venden ni venderán nunca. No tienen una actitud positiva, no creen en su trabajo y piensan que "todo está mal", excepto sus libros. Además muchos de ellos son vagos y tardan demasiado en acabar sus obras.

Estas tres premisas yo ya las intuía pero al decírmelo un editor profesional importante tomaron mayor consistencia.
Todo autor que se precie como tal, que se tome su trabajo en serio y que no escatime en esfuerzos y dedicación puede tener éxito. Quizás no al principio, pero con el tiempo irá avanzando poco a poco hasta llegar a ser un autor consolidado. ¿Y el talento, dónde queda? El talento viene con el trabajo. Cuanto más escribe (y lee) un autor, mayor talento para la escritura va desarrollando. Y aunque hay personas con un talento excepcional, hay todavía más con un talento medio, pero que con el tiempo han pulido hasta alcanzar cotas extraordinarias.
Si eres un autor, o te gustaría llegar a serlo sólo hay un camino: escribir.
Desde estas líneas quiero animarte a que lo hagas, cree en ti, sé honesto, sigue adelante, trabaja, y el éxito te llegará.

¿Necesitas Ayuda Editorial?
Como hemos podido ver a lo largo de estas páginas, la labor de vender un libro online es cuestión de dedicación. Requiere tiempo y en realidad no acaba nunca pues es un continuum de estudio, experimentación y mejoras.
Por esta razón muchos autores prefieren dedicar su tiempo y sus esfuerzos a escribir y dejar la labor comercial (y también técnica) a otros profesionales del sector editorial.
En Iberdynamics Editorial Online ayudamos a los autores a dar a conocer y vender sus obras. También negociamos contratos y derechos para autores de habla hispana con otras editoriales y agencias internacionales.
Puedes contactar con nosotros en info@iberdynamics.com .

Links de Interés.
A lo largo de esta guía hemos hecho referencia a algunos sitios web o libros que pueden ser de interés práctico para el lector. Para su comodidad, aquí están:

ThinkerToys - Libro de Michael Michalko
Crear un libro para Kindle – Libro básico de KDP
KDP – Entrada Kindle KDP
Información de KDP Select
AuthorCentral – Página para autores de Amazon
Directorio de la tienda amazon.es

Una última Observación,
Si esta guía te ha ayudado de alguna manera, te lo agradeceré si dejas tu opinión en Amazon.
Cordialmente,

Jorge Morral
jorgemorral@gmail.com